# 이제서야 이해되는 불교

**일러두기**

—

부처님 당시의 인명과 지명의 표기는 옛 인도의 대중언어인 빠알리어를 기준으로
하되, 독자의 이해를 돕기 위해 한자어 독음을 함께 표기하였습니다.
다만, 빠알리어보다 산스크리트어 표기가 더 익숙한 경우에는 산스크리트어를
기준으로 옮기고, 괄호 안의 병기에 ⑤를 넣어 구분하였습니다.
예) 싯다르타(⑤ Siddhārtha)

# 이제서야 이해되는 불교

단숨에 읽히고 즐겁게 깨치는
원영 스님의 불교 수업

원
영 지음

불광출판사

안녕하세요. 원영입니다.

저는 한국불교의 한 종파인 '대한불교조계종'의 비구니입니다. 현재는 '청룡암'이라는 작은 암자에서 가람을 가꾸고, 몇몇 곳에서 강의도 하며, BBS 불교방송에서 프로그램을 맡아 진행하고 있습니다. 또 일간지에 칼럼도 쓰면서 살고 있지요. 이렇게 포교 활동은 열심히 하는 편이지만, 부끄럽게도 깊은 수행에 몰두하지는 못하고 있습니다. 다만 겉으로 보면 '비구니로서는 꽤 활동이 많은 편이네.'라고 말할 수 있을 정도입니다.

어쨌든 그런 가운데 최근 BBS 불교방송에서 제작한 〈원영 스님의 불교대백과〉라는 불교 강의 프로그램이 있었습니다. 텔레비전에서 하는 이 강의가 뜻밖에도 많은 불자들의 불교 공부에 도움이 된다는 이야기를 들었지요. 저로서는 무척 다행이다 싶었고 감사했지만, 한편으론 약간 부담스럽기도 했습니다.

그런데 간간히 저의 불교 강의를 귀로만 듣지 않고, 책으로 읽고 싶어 하는 분들이 사찰로 전화해서 아쉬움을 토로하곤 했습니다. 어떤 분은 왜 스님 혼자만 알고 있느냐며 책을 내지 않는 것에 대해 화를 내기도 하더군요. "그래서 방송하잖아요."라고 대답했지만, 가만히 생각해 보니 일리 있는 말씀이었습니다. 그리하여 책 출간을 고민하게 되었습니다. 이 책은 저의 텔레비전 강의에 갈증을 느끼는 분들에게 조금이나마 도움이 되고자 쓴 것입니다.

사실 저의 강의를 좋아해 주시는 분들이야 제 강의를 칭찬하기도 하지만, 저의 강의는 그리 논리정연하지 않습니다. 그때그때의 강의실 분위기와 청중의 상황에 따라 우후죽순으로 설명을 쏟아낸 적이 많았거든요. 더군다나 보통은 머리 깎은 스님이니 불교가 전공이라 말할 수 있겠지만, 사실 세분화된 저의 전공은 '계율'입니다. 그러니 그간 제가 진행한 각종 불교 강의는 엄밀한 범위 내에서는 저의 전공이 아닌 적이 많았던 셈이지요. 지혜와 지식이 부족한 제가 이렇게 '불교 교리'를 집필하기에는 턱없이 부족하다는 말씀을 드리고, 먼저 양해를 구하고자 합니다. 그저 이 책을 더 넓은 불교의 세계로 건너가기 위한 작은 뗏목 정도로 이해하시고 읽어봐 주시면 감사하겠습니다.

그리고 제게는 경미한 시각장애가 있습니다. 나이를 먹다 보니 점점 감퇴하는 시력 때문에, 언제까지 글을 읽고 쓸 수 있을지 모른다는 생각이 들었습니다. 그렇게 곧잘 불안한 마음을 갖게 된 덕분에, 이 책에 대해 더 각별한 마음을 가지고 글을 쓰게 되었습니다. 우선은 기초부터 정리해야겠다 싶어 '불교 교리'를 중심으로 시작했습니다. 삼법인(三法印), 사성제(四聖諦), 중도(中道), 연기(緣起), 바라밀(波羅密) 등에 관한 내용이지요.

　모쪼록 부족한 저의 설명이 불교를 이해함에 있어 작은 도움이라도 될 수 있기를 부처님 전에 엎드려 발원합니다. 특히 불교를 공부하시는 많은 분들과 책을 펴내주시는 출판사 관계자 여러분, 또한 이 책을 쓰는 동안 저를 위해 여러모로 애써준 도반스님들에게 진심으로 감사의 마음을 전하며 글을 시작하겠습니다. 감사합니다.

계묘년 봄, 청룡암에서
원영 합장

## 차례

11

삼
법
인

# 지금의 내 모습

삼법인(三法印)은
'세상 모든 것이 괴로움'이라는
현실 인식과, 모든 것이 다 무상하다는
엄연한 변화의 이치,
독립적으로 이루어진 나[我]라고
할 것이 없다는 세상의 이치를 말한다.
그리고 이 세 가지를 터득해야만
도달할 수 있는 것이
바로 평화로운 상태, 열반이다.

# 인생은
# 비극인가, 희극인가

20세기를 대표하는 전설적인 희극배우 찰리 채플린(Charlie Chaplin)의 명언 중에 이런 말이 있다. "인생은 가까이서 보면 비극, 멀리서 보면 희극이다." 과연 맞는 말일까?

물론 시간적으로 보면 어떤 일이든 서서히 잊히다가 어느 날 문득, 희극이 아닌 비극으로 다가와 가슴을 찌르며 되살아나기도 한다. 그러니 인생은 보는 관점에 따라 더러는 희극이기도, 비극이기도 한 것이다. '지금 나는 인생의 어디쯤 와 있을까? 나의 현재 상황은 어떠한가?'라는 생각이 들 때, 그것에 대해 보편적으로 납득할 만한 이야기가 있다.

망망한 광야를 한 사람이 걸어가고 있었다. 그런데 뒤에서 미친 코끼리가 나타나 무섭게 쫓아오는 것이었다. 생사를 눈앞에 둔 사람은 정신없이 달아나기 시작했다. 한참을 가다 보니 언덕 밑에 우물이 있었다. 그리고 등나무 덩굴이 우물 속으로 축 늘어져 있었다. 그 사람은 생각할 겨를도 없이 얼른 등나무 덩굴을 하나 붙들고 우물 속으로 내려갔다. 겨우 숨을 돌리고 아래를 내려다보니, 우물 밑에는 독룡(毒龍)이 입을 떡 벌리고 쳐다보고 있었다. 어디 그뿐인가. 우물 중턱 사방에는 네 마리의 뱀이 혀를 날름거리고 있었다.

어쩔 수 없이 등나무 덩굴을 생명 줄로 삼아 공중에 매달려 있자니, 두 팔은 아파서 빠질 것만 같았다. 설상가상으로 매달려 있는 그 등나무에 흰쥐와 검은 쥐 두 마리가 나타나 그 덩굴을 갉아 먹고 있지 않은가! 어떻게 할 것인지 잠시 생각하는데, 달콤한 꿀 한 방울이 입안으로 들어왔다. 얼핏 위를 쳐다보니 등나무 위에 있는 벌집에서 달콤한 꿀이 한 방울 두 방울 떨어지고 있었다. 그 사람은 꿀물을 받아먹는 동안에 자기의 위태로운 처지를 모두 잊어버렸다. 꿀물에 도취되어 황홀경에 빠진 것이다. 자신이 얼마나 위험한지 모르고!

『아함경』에 나오는 내용이다. 인생을 묘사한 부처님의 비유다. '안수정등(岸樹井藤)'이라 불리는 이 이야기를 찰리 채플린 말처럼, 우리 인생에 빗대어 가까이서 보면 비극이라고 할 수 있다. 그런데 그런 위험천만한 상황에서도 떨어지는 꿀에만 정신이 팔려 좋아하는 모습을 보면, 이것은 분명 웃기는 희극이다. 중요한 것은 남의 이

사람 – 중생

광야 – 윤회세계      독룡 – 지옥

흰쥐 검은쥐 – 낮과 밤

등나무 – 무명

코끼리 – 죽음      우물 – 세상

넝쿨 – 생명줄

네 마리 뱀 – 지·수·화·풍

꿀 – 오욕락

야기가 아니라, 우리 모두의 이야기라는 점이다. 자, 그럼 이 비유가 의미하는 바가 무엇인지 살펴보자.

먼저 코끼리에 쫓기던 사람은 생사고해를 헤매는 모든 중생들의 모습을 말한다. 망망한 광야는 중생이 지은바 업(業)에 따라 윤회하는 천상부터 지옥까지를 말하며, 쫓아오는 코끼리는 아무런 예고도 없이 홀연히 찾아드는 죽음이다. 우물은 지금 자신이 사는 세상이고, 독룡은 지옥이다. 네 마리의 뱀은 몸의 네 가지 구성 요소인 지·수·화·풍(흙·물·불·바람)이며, 등나무는 괴로움의 결실을 맺는 중생의 어리석은 무명(無明)이다. 덩굴은 사람의 생명 줄이고, 흰쥐와 검은쥐는 해와 달이 교차하는 낮과 밤 시간을 말하며, 벌집 속의 꿀은 인간이 빠지기 쉬운 다섯 가지 욕망이 주는 쾌락, 즉 재물과 색과 음식과 잠과 명예욕의 '오욕락(五欲樂)'을 말한다.

이상은 우리 인간의 현주소를 명확히 보여주는 이야기다. 언뜻 생각하면, 자신을 고통에 빠진 사람으로 인식하는 것이 불행하게 느껴질지도 모르겠다. 하지만 불행하게 생각되거나 고통스럽게 느낄 수 있어야 그로부터 벗어날 마음도 일어나는 법이다. 자, 그럼 비극적인 현실에서 벗어나기 위해 우리가 알아야 할 것은 무엇일까? 우리가 해야 할 일은 무엇일까? 그 해답을 부처님 말씀에서 찾아보고자 한다.

# 세 가지 불법의 특징
## 삼법인

부처님의 가르침 중에서 우리가 먼저 알아야 할 것은 '삼법인(三法印)'이다. 어떤 분들은 '사성제(四聖諦)'를 먼저 말씀하시기도 하지만, 저의 경우엔 '삼법인'을 먼저 설명한다. 불교의 입장을 타 종교와 차별화하면서 명확하게 표현한 것이 '삼법인'이라고 생각하기 때문이다. 그러므로 이 책의 상당 부분을 할애해 '삼법인'에 대해 설명하고자 한다. 다만 수행의 결과로써 나타나는 '열반적정'에 대해서는 간단하게 설명하겠다.

'삼법인'은 세 가지 법인을 말한다. 여기에서의 법인(法印)은 '불법(佛法)의 특징'이라는 뜻이다. 부처님 가르침의 핵심을 꼭 짚어서 표현한 것이 법인이다. 특히 법(法)은 부처님의 가르침이 가진 특징뿐만 아니라, 어떠한 현상, 법칙, 자연의 질서, 규범, 교리, 진리 등을 지칭하는 포괄적인 단어로 쓰인다. 다만 여기서는 부처님 가르침을 더 직접적으로 가리키고 있는 것이라고 생각하면 된다.

삼법인이라고 하지만, 세 가지가 정해져 있는 것은 아니다. 일체개고(一切皆苦), 제행무상(諸行無常), 제법무아(諸法無我), 열반적정(涅槃寂靜), 이렇게 네 가지 법으로 나누어 말하는 경우가 있다. 이 중에서 '일체개고'를 빼고 '삼법인'으로 치기도 하고, 또 네 가지를 다 합해서 '사법인(四法印)'으로 보기도 한다. 다시 말해서 '고(苦)·무상(無常)·무아(無我)' 이렇게 보거나, '고'를 빼고 '무상·무아·열반적정' 이렇게 보기도 한다. 특히 대승불교에서는 주로 '무상·무아·열반적정'이라고 본다.

초기불교 경전에서는 대체로 '무상 - 고 - 무아'의 패턴으로 설명한다. 무상하기 때문에 괴로움이 생긴다는 원칙하에 설명하기 때문이다. 즉, '무상한 것은 고통을 남긴다.'는 식이다. 몸과 마음을 이러한 이치로 바라보고, 계속해서 알아차리면서 반복 수행을 통해 통찰하라는 가르침이다. 그것을 통해 점차 몸과 마음에 대한 집착이 떨어져나가고, 속박으로부터 벗어나게 되기 때문에, 이것이야말로 열반으로 가는 수행인 것이다.

한편 저의 경우에는 평소에 불교를 강의할 때, '괴로움의 명제'를 가장 먼저 제시한다. 왜냐하면 우리가 느끼는 현실 가운데 가장 강렬한 것이 '고통'이기 때문이다. 삶이 괴롭고 힘들기 때문에 '나는 왜 이럴까?', '내 팔자는 왜 이 모양이지?' 생각하면서 절에도 가고, 점집도 가고, 불교 공부도, 성경 공부도 하면서 이곳저곳을 기웃거린다.

그러니까 부처님 가르침의 기본은 현실적인 '고의 인식'이 바탕이라고 보면 이해하기 쉽다. 아무튼 이 네 가지를 가지고 '삼법인'이라고도 하고, '사법인'이라고도 한다는 것을 이해하고 시작하는 게 좋겠다. 그리고 단어 머리말에 붙은 '일체(一切)'나 '제행(諸行)', '제법(諸法)'은 지금 자신이 인식할 수 있는 '모든 현상'을 가리키는 표현이다.

다시 설명하자면 삼법인이란 '세상 모든 것이 괴로움'이라는 현실 인식과, 모든 것이 다 무상하다는 엄연한 변화의 이치, 어느 것도 독립적으로 이루어진 나[我]라고 할 것이 없다는 세상의 이치를 말한다. 그리고 이 세 가지를 터득해야만 도달할 수 있는 경지가 바로 '열반적정'이라는 말이다.

『증일아함경』23권에 이런 말씀이 나온다.


"모든 의식작용은 무상하다.

이것이 첫 번째 근본진리이니, 사유하고 수행하라.

모든 의식작용은 고이다.

이것이 두 번째 근본진리이니, 사유하고 수행하라.

모든 의식작용은 무아이다.

이것이 세 번째 근본진리이니, 사유하고 수행하라.

모든 번뇌의 소멸이 열반이다.

이것이 네 번째 근본진리이니, 사유하고 수행하라.

비구들아, 이 네 가지 근본진리를 사유하라.

왜냐하면 그것으로 인해 태어나 늙고 병들어 죽으며,

근심과 슬픔과 번뇌 같은 괴로움으로부터

벗어날 수 있기 때문이다.”

– 『증일아함경』 23권

이러한 법인사상은 불교 근본 교리의 핵심 중 하나이며, 불교의 입장을 명확하게 보여준다. 삼법인을 불교의 핵심 가르침이라고 하는 이유는 여기에 근거해서 부처님이 말씀하신 가르침[佛說]인지, 아닌지 판단하는 기준이 되기 때문이다.

예를 들어, 자신이 다니는 절에 존경하는 스님이 있다고 치자. 지금 이 세상에는 머리 깎고 수행하고 법을 전하는 수많은 스님들이 있고, 저마다 중시하는 부처님 법이나 수행 방법 또한 각각 다르다. 그만큼 존경하고 믿고 따를 만한 스승님들도 다양하다.

그럼 내가 존경하는 스승이 불교를 명확하게 전달하고 있는지 어떻게 구분할 것인가? 이럴 때 우리가 명확하게 구분할 수 있는 기준이 바로 '삼법인'이다. 나의 스승이 부처님 법을 이야기할 때, 삼법인에 어긋나게 이야기한다면, 그것은 부처님의 가르침이 아니다. 불교를 왜곡하여 설명한 것이다.

좀 더 구체적으로 말하자면 이렇다. 한 스님이 어떤 경전을 강의하는데, 강의 중에 '세상에는 변하지 않고 영원불변한 무언가가 있다.' 이렇게 이야기한다면, 그분의 말씀은 불교의 가르침이라고 할 수 없다. 왜냐하면, 부처님의 가르침은 분명히 '무아'를 이야기하고, '무상'을 강조하기 때문이다. 이런 분에게서 가르침을 듣고 따른다는 것은 마치 꽃이 피지 않는 나무에서 꽃을 기다리는 것과 같다. 잘못된 스승을 따라다니는 것이다. 사소한 물건 하나를 살 때도 이것저것 따져보고 고르는데, 하물며 인생의 이정표가 되는 스승을 고르는 일에 소홀해서는 안 된다. 스승의 가르침이 바른 법인지 아닌지 판단하려면 올바른 기준이 있어야 하고, 분명 더 많은 공부와 노력이 필요하다.

그런 의미에서 볼 때, 삼법인은 불교 교리의 핵심 사상이라는 것이고, 그것이 부처님의 가르침인지 아닌지 정법(正法)의 판단 기준이 된다는 이야기이다. 그러니 자세히 들어볼 필요가 있다. 어떤 큰 스님이든지 간에 삼법인에서 벗어난 법을 설한다면, 그분의 불교는 잘못된 이해를 바탕으로 한 것일 수 있다. 자, 그럼 구체적으로 삼법인이 무엇인지 좀 더 자세히 살펴보도록 하겠다.

**2**

# 고

---

## 아, 너무 괴롭다

'고(苦)'는 내가 살아가고 있는 삶에 대해
스스로 만족하지 못하고 괴롭다고 느끼는 것이다.
기쁨이 간간이 찾아온다고 하더라도
그 기쁨이 사라지고 나면 기쁘고 행복했던 시절이
자꾸만 떠올라 도리어 현재의 삶을 더 괴롭게 느낀다.
기쁘고 행복했던 시절에 대한 기억이
내 괴로움에 원인을 제공한다니,
참으로 아이러니한 현실이 아닐 수 없다.

# 인생은
# 괴로움이야

삼법인 가운데 '일체개고(一切皆苦)', 즉 '괴로움[苦]'부터 이야기를 시작해 보자. 왜 '무상(無常)'이 아니라 '고(苦)'부터 시작하는가? '고'라는 것은 인간이 살아가면서 자신의 현실을 직시했을 때, 가장 먼저 도출할 수 있는 결론이기 때문이다. 우리가 사바세계에서 만나는 고! 이 세상에 괴로움 아닌 것이 없으니, 거기서부터 시작하는 것이 타당하다고 생각해서다.

'고'란 내가 살아가고 있는 삶에 대해 스스로 만족하지 못하고 괴롭다고 느끼는 것이다. 물론 지난날 자신이 지은 업(業)의 지배를 받아 괴로운 경우가 태반이다. 물론 그에 못지않게 기쁨을 느끼는 순간 또한 많다. 하지만 제아무리 돈이 많고 건강해도, 누구에게든 반드시 고통의 시간이 찾아온다. 일생 내내 행복한 사람은 없지 않은

가. 당연히 일생 내내 괴로운 사람도 없다. 더욱이 기쁨이 간간이 찾아온다고 하더라도 그 기쁨이 사라지고 나면 기쁘고 행복했던 시절이 자꾸만 떠올라 도리어 현재의 삶을 더 괴롭게 느낀다. 기쁘고 행복했던 시절에 대한 기억이 내 괴로움에 원인을 제공하는 셈이다. 생각하면 참으로 아이러니한 현실이 아닐 수 없다.

'인생은 괴로움이야.'라고 아무렇지도 않게 말하면, 선뜻 와 닿지 않을 수도 있다. 그럼 살면서 가장 슬프고 괴로웠던 장면을 한번 떠올려보시라. 어쩌면 쉽게 알 수 있을 것이다. 저의 경우에는 죽은 아들의 영정 앞에서 욕하던 어머니의 모습이 이생에 가장 슬프고 괴로웠던 장면이었다. 저는 오빠가 둘이나 먼저 떠났는데, 그때 어머니가 장례식장에 와서는 죽은 오빠들에게 나쁜 놈들이라며 욕을 퍼부었다. '니들이 어떻게 어미한테 이럴 수가 있냐?'라며 영정 사진을 노려보면서 따지는데, 지금껏 그리 슬픈 장면은 본 적이 없다. 아무도 말릴 수 없을 만큼 너무나 괴롭고 슬픈 장면이었지만, 어쩌면 우리가 처한 세계의 실상을 가장 처절하게 직면할 수 있도록 만드는 장면이기도 하다.

생명 있는 모든 존재는 시간이 흘러감에 따라 성장하고, 차츰 노쇠해지며 허무하게 변화한다. 그러면서 고통을 느끼게 되는데, 더욱이 다가오는 죽음은 엄청난 두려움과 괴로움을 동반한다. 이렇듯 이 세상은 늙음과 병듦과 죽음만으로도 괴로움을 느끼기에 충분하다. 그러한 고통의 기억이 세상에 남아 있기에, 어쩌면 우리가 지금 이렇게 불교를 더 깊이 공부하고 싶어 하는 것인지도 모르겠다.

부처님께서도 출가할 당시 고민이 많았다. '어째서 인간은 태어나 늙고 병드는 것일까? 인간은 왜 늙어야 하지? 인간은 왜 아파야 하지? 인간은 왜 죽어야 하지?' 그렇게 고뇌하다가 단호하게 출가의 길을 선택했고, 고요한 사색 속에서 마침내 최고의 결론을 끌어냈다. 생각해 보면 부처님뿐만 아니라, 수많은 수행자가 수천 년 동안 이 삶의 고통에서부터 벗어나고 싶은 마음에 집을 나섰다. 다만 부처님은 고통으로부터 벗어나는 길을 아셨고, 우리는 지금 그 가르침에 따라 길을 갈 뿐이다. 그러니 부처님과 지금의 우리가 고뇌를 시작한 지점은 같다고 할 수 있다. 괴로움에서 출발하기 때문이다. 따라서 불교의 모든 이야기는 '괴로움'에서부터 출발해야 마땅하다.

괴로움이 있다면 반드시 그 원인도 있을 것이다. 내가 오늘 몸이 아프다면 그 몸이 아픈 데 원인이 있는 것과 마찬가지다. 예를 들어, 아버지의 장례를 치렀다든지, 추운 날 밖에서 비를 맞았다든지 해서 몸이 아플 수도 있고, 중학교 다니는 아들이 속을 썩여서 머리가 아플 수도 있다. 이렇듯 몸과 마음의 고통에는 반드시 원인이 있다.

그 원인을 가만히 찾아보면 우선 육신이 있기 때문이라는 것을 알 수 있다. 기본적으로는 생명이 있기 때문에 고통이 따라온다. 감정도 마찬가지다. 생명이 없으면 감정이 있을 수가 없다. 마치 저 바위나 나무토막에 감정이 있을 수 없듯이 말이다. 생명이 있기에 육신도 있고 정신도 있어서 몸도 아프고 마음도 아프게 되는 것이다.

그렇다면 고통은 왜 생겼을까? 어디서 온 것일까? 바로 무상하기 때문이다. 앞서 이야기한 것처럼, 사람이 태어나서 나이를 먹고 늙고 병들고 죽어가는 허망함이 있기 때문이다. 그리고 '나'라고 할 만한 존재가 아닌데, 거기에 집착하고 그것이 있다고 믿어버리기 때문이다. 마치 영원한 것이 있는 것처럼 믿어버리기에 괴로운 것이다.

**인간은 고통이 찾아오면 고통의 원인을 대부분 밖에서 찾으려고 한다. 어떨 때는 바보 같다는 생각이 들 정도로 자기 근심의 원인을 다른 사람에게서 찾는다.** 우리말에 "여든에 죽어도 구들동티에 죽었다 한다지."라는 속담이 있다. 아주 나이가 많아 돌아가실 때가 되어 자연사했는데도, 정작 본인은 누군가 방구들을 잘못 건드려 동티가 나서 죽게 되었다고 생각한다는 이야기다. 당연한 일인데도 무언가 핑계와 원망할 대상을 찾는다는 의미다.

이렇게 쉽사리 원망하는 것이 인간의 심리다. 오죽하면 "나막신 신고 돛단배 빠르다."라고 할까. 자기가 뒤떨어진 것은 생각 못하고 남이 빨리 나아가는 것만 원망한다는 의미다. 그런 중생들과는 달리

석가모니 부처님께서는 '괴로움'을 '괴로움의 세계'인 바깥에서 해결하려 하지 않았다. 자신의 내면에서 해결해야 한다는 것을 발견함으로써 '괴로움'과 '괴로움의 소멸'에 대한 관점을 완전히 바꾸어놓았던 것이다. 그리고 이것이 오늘날 불교가 세계적인 종교가 된 이유다.

# 괴로움에도 종류가 있다
## 사고팔고(四苦八苦)

불교의 가르침은 항상 '괴로움의 소멸'을 지향한다. 인간이 느끼는 괴로움에는 여러 종류가 있는데, 그 '괴로움'에 대해 불교는 이렇게 인식한다. '사고팔고(四苦八苦)'. 네 가지 고통과 여덟 가지 고통이다. 사고(四苦)는 모두 알고 있는 생로병사(生老病死)를 말한다. 생로병사, 즉 태어나고 늙고 병들고 죽는 이 네 가지 괴로움을 '사고'라고 한다.

| 괴로움 | | 내용 |
|---|---|---|
| 생(生) | | 태어남 |
| 로(老) | 4 고 | 늙음 |
| 병(病) | | 병듦 |
| 사(死) | | 죽음 |

예를 들어, 우리는 새 생명이 태어나면 매우 기뻐한다. 그래서 축하도 해주고 자랑도 하며 좋아한다. 그런데 아기도 기쁘고 즐겁기만 할까? 실세로는 태 속에 있을 때에도 아기는 고통을 느낀다고 한다. 엄마가 갑자기 너무 많이 먹거나 짜고 매운 음식을 먹을 때마다, 엄마의 장기에 눌려 괴롭고 매운 음식 때문에 숨이 막히고 몸에 불이 나는 듯하다. 어디 그뿐인가. 세상에 나오면 제아무리 부드러운 수건으로 몸을 감싼다고 해도 가시밭에 알몸으로 누운 것처럼 아프다. 그러니 태어나자마자 큰 소리로 울 수밖에 없다.

　거기다 성장해 감에 따라 점점 새로운 고통이 더해진다. 아기 때에는 건강하게만 성장하기를 바라지만, 아이가 자라면 대체로 기대에 부합하지 못하는 경우가 태반이니 부모도 괴롭다. 자녀의 입장에서도 마찬가지다. 학교생활도 힘들고, 공부하기도 힘들고, 경쟁하고 시험치고 취직하고 등등, 온갖 사회 시스템이 자신을 옭아매는 듯 괴롭다. 그렇게 나이를 먹어 늙고 병들고 죽음에 이르는 전 과정에서 인간은 누구나 두려워하고 슬퍼한다. 그 과정에서 기쁨만 있는 것이 아니라 슬픔이 더 오랜 시간 생의 상당 부분을 차지하기 마련이다. 부처님도 마지막에는 아난다(Ānanda, 아난阿難) 존자에게 "아난다야. 내 나이 어느덧 여든이다. 나는 늙어 몸이 쇠하였다. 내 육신은 마치 낡은 수레가 가죽 끈에 묶여 간신이 움직이는 것과 같다."라고 하셨다. 인생은 덧없다. 이것이 네 가지 괴로움, '사고'다. 그리고 생로병사의 '사고'에 또 다른 네 가지 고통을 더해 '팔고(八苦)'라고 한다.

| 괴로움 | | 내용 |
|---|---|---|
| 애별리고(愛別離苦) | 4<br>+<br>4<br>=<br>8<br>고 | 사랑하는 사람과 헤어지는 괴로움 |
| 원증회고(怨憎會苦) | | 싫어하는 사람을 만나게 되는 괴로움 |
| 구부득고(求不得苦) | | 원하는 것을 얻지 못하는 괴로움 |
| 오온성고(五蘊盛苦) | | 우리 몸이 느끼는 괴로움 |

**첫 번째는 '애별리고(愛別離苦)', 사랑하는 사람과 헤어지는 괴로움이다.** 사랑하는 사람이 생기면 더할 나위 없이 기쁘고 행복하다. 그런데 그 기쁨의 크기보다 더한 고통을 안기는 것이 이별의 고통이다. 즉, 얻는 기쁨보다 잃는 슬픔이 더 크다는 이야기다. 사랑하는 사람과 헤어지면 원래 연인이 없었던 상태로 돌아간 것뿐인데, 이상하게도 사랑하는 이와 헤어지면 심한 상실감을 느끼게 된다. 없었던 사람이 생겼다가 없었던 상태로 돌아갔다는 것을 생각하지 못하는 경우가 대부분이다.

불교에서 볼 때 인간은 인연의 업보에 의해 만들어진 산물이다. 인연이 자신의 전 생애를 지배한다고 본다. 우리 중에 사랑하는 사람과 헤어져 본 적이 없는 사람은 없을 것이다. 이별의 고통은 누구나 다 한 번쯤은 경험해 봤을 테니 말이다. 사랑하는 사람과 헤어지는 고통이 얼마나 힘든 일인지는 낱낱이 설명하지 않아도 되리라 생각한다.

제가 아는 분 중에는 남편이 먼저 돌아가시니까, 남편이 그리워 그가 묻힌 선산 옆에 작은 집을 마련하고, 거기 머물면서 여생 동안 남편의 묘를 보살피며 보내는 분도 있었다. 어쩜 저렇게까지 할 수 있는 것일까, 제게는 굉장히 충격적인 일이었다. 어찌 생각하면 그럴 수도 있겠다 싶었지만, 한편으론 집착이 심한 사람이라는 생각이 들었다. 그래서인지 조금은 정상적으로 보이지 않았다. 어쨌든 이 이야기의 핵심은 이별의 고통이 그만큼 힘들다는 것이다. 불교에서는 이것을 '애별리고'라고 한다.

이렇게 사랑하는 사람은 오랫동안 같이 있고 싶어도 피치 못할 사정으로 헤어지게 되니 괴롭다. 한편, 살다 보면 싫어하는 사람은 왜 이렇게 자주 만날까. 만나도 너무 자주 만난다. '저 사람은 좀 안 보고 싶다.' 생각하면, 외나무다리에서 만나듯 눈앞에 나타난다. 직장에서도 내가 싫어하는 사람과 같이 일을 맡기도 하고, 기분 좋게 어디 밥 먹으러 갔는데 하필이면 싫어하는 사람이 그 식당에 밥을 먹으러 와서 어쩔 수 없이 합석을 하게 되는 일도 있다.

구한말의 학자인 송사(松沙) 기우만(奇宇萬, 1846~1916)은 세상에 두 가지 기쁨이 있다고 하면서, '불견불욕견(不見不欲見)'과 '불문불욕문(不聞不欲聞)'을 말했다. '보고 싶지 않은 것을 보지 않는 기쁨'과 '듣고 싶지 않은 말을 듣지 않는 기쁨'이다. 반대로 보고 싶지 않은 것과 듣고 싶지 않은 말을 들으면 어떨까? 당연히 짜증 나고 싫을 것이다.

아무튼 인생은 참 재밌다. 이렇게 **싫어하는 사람을 만나게 되는 괴로움, 이것을 두 번째 원증회고(怨憎會苦)라고 한다.** 그러니까 좋아하는 사람도 만들면 안 되고, 싫어하는 사람도 만들면 안 된다. 인생사, 그게 쉽지는 않겠지만!

삼천 배로 유명한 성철 스님께 한 노 보살님이 찾아와 절을 하고 소원을 말했다. 늙은 남편에게 전생에 자신이 무슨 죄를 지었길래 이렇게 평생 욕먹고 괴롭힘을 당하며 살게 된 것인지 알고 싶다는 것이었다. 남편은 늘 술만 마시고 들어오면 아내에게 욕을 퍼붓고 살림을 깨부수며 주정을 부렸다고 한다. 이야기를 다 전해 들은 성철 스님께서는 태연하게 노 보살님의 한을 풀어주겠다며 호언장담을 했다. 그리고는 보살님에게 이르기를, 저녁에 술상을 봐놓고 싸리나무 회초리 100개를 옆에 준비해 둔 다음, 남편이 들어오면 술 한 잔 따라 드리고 잘못했다고 말하며 종아리를 걷고 남편에게 그

회초리로 자신을 때리라고 말하라고 했다.

　보살님은 집으로 돌아가 큰스님이 시키신 대로 술상을 준비하고 남편을 기다렸다. 늦은 저녁에 술에 취해 돌아온 남편은 술상을 봐 두고 자신을 기다린 아내를 눈이 휘둥그레져 바라봤다. 게다가 술까지 따라주고 그간 자신이 잘못했다며 회초리로 자신을 때리라고 말하는 아내 때문에 너무 놀랐다. 그러나 눈물까지 흘리며 막무가내로 자신을 때리라는 아내를 껴안고, 결국엔 자신이 종아리를 맞아야 한다며 지난날의 잘못을 뉘우쳤다고 한다. 그날 이후로 남편은 완전히 다른 사람이 되었고, 보살님은 이 사실을 큰스님께 편지로 전해 올리며 감사 인사를 드렸다고 한다.

　이와 같이, 살다 보면 원수 같은 사람과 평생을 함께해야 하는 경우도 있을 수 있다. 그러나 위의 예가 말해 주듯 지혜와 자비로 처신하며 살고자 하면 우리는 '원증회고'의 결말을 얼마든지 바꿀 수 있다. 괴로움에 빠져 허덕이지만 말고, 자신의 태도를 돌아보는 것이 우선임을 명심해야겠다.

　**세 번째는 원하는 것을 얻지 못하는 괴로움이다. 이것을 '구부득고 (求不得苦)'라고 한다.** 요즘 우리는 너무나 풍족하게 살고 있다. 생각해 보면 서민들도 100년 전에 왕이 타던 차보다 더 좋은 차를 타고 다닌다. 하지만 힘들고 어려운 경제 사정은 바뀌지 않는다. 상대적으로 빈곤하게 느끼기 때문이다.

"하늘이 칠보를 내려준다 해도 사람의 욕심은 끝을 모르는 법"이라는 말이 있다. 가질 수 있는 것은 한정되어 있는데, 사람의 욕심은 끝이 없으니 "밑 빠진 독에 물 붓기"인 것이다. 어쩌면 인간은 채워지지 않는 항아리 같은 존재인가 보다.

지난날을 돌아보면, 우리는 불필요한 것을 사는 일이 흔했다. 불필요한 것인 줄 아는 데도 또 사는 버릇이 있다. 이유는 자신의 만족감을 위해서, 그냥 갖고 싶어서라는 이야기다. 저걸 왜 사고 싶으냐고 물으면 '예쁘니까.'라고 단숨에 대답해 버린다. 저걸 가지면 기분이 좋아질 테니 갖고 싶다는 것이다. 그러나 **주머니 사정은 어렵고, 갖고 싶은 것은 사지 못하니 괴롭다. 이것이 구부득고**(求不得苦)**다.** 물건에만 한정된 것처럼 보이지만, 사실 이 개념은 물건뿐만 아니라, 사랑이나 명예, 행복이나 건강에 대한 마음까지도 포함하여 갖고 싶은 모든 것이 대상이 된다.

불교는 채워서 얻어지는 기쁨을 말하지 않는다. 비워서 얻어지는 만족을 말한다. 알렉산드로스(Alexandros, BC 356~BC 323) 대왕이 그리스의 철학자 디오게네스(Diogenes, BC 412~BC 323)를 찾아온 적이 있었다. 일광욕을 즐기고 있던 그에게 "무엇이든 나에게 바라는 것을 말하라."라고 하자, 디오게네스는 태연하게 "햇볕이나 가리지 말아 달라."고 말했다. 부하들이 나서서 무엄한 저 자를 당장 처형해야 한다고 주장하자, 왕이 말하기를 "내가 만약 알렉산드로스가 아니었다면, 나는 디오게네스가 되고 싶었을 것이다."라고 했다.

그런데 이 대화는 여기서 끝나지 않는다. 디오게네스는 자신처럼 되고 싶다는 알렉산드로스에게 "내가 만일 디오게네스가 아니었다면 나도 디오게네스처럼 살고 싶다."고 했다. 자신 또한 자신의 이름에 구속되어 있기에 자유롭지 못함을 말하고 있다. 그럼에도 불구하고, 참으로 멋진 대화가 아닐 수 없다. 세상에 대한 욕심도 내려놓고, 인간에 대한 욕망도 내려놓고, 작은 것에 만족하며 살아가는 달관의 자세를 알려준다. 불교 또한 이와 마찬가지다. 구하는 바를 최소화함으로써 만족도를 높이라고 가르쳐준다. 앞으로 나아가고 높이 쌓아서 이룩하는 삶이 아니라, 욕망을 제거하고 번뇌를 없애면서 살아갈 것을 가르쳐주고 있다.

네 번째는 오온성고(五蘊盛苦, 오음성고五陰盛苦)라는 것인데, 이것은 조금 어렵다. 쉽게 말하면 육신의 괴로움을 뜻한다. 우리의 몸과 마음이 느끼는 괴로움이다. 기쁘고, 괴롭고, 욕망도 느끼는 이 모든 것의 원인은 바로 육신이 있기 때문이라는 이야기를 이렇게 표현한 것이다. **불교식으로 표현하면 색**(色) **· 수**(受) **· 상**(想) **· 행**(行) **· 식**(識)**이라고 하는 '오온**(五蘊)**'에 집착하기 때문에 생기는 고통이 오온성고다.**

# 나를 이루는 것들
## 오온

'오온'은 불교에서 매우 중요한 개념이지만, 단어 자체가 어렵게 느껴져서 이해가 안 간다는 분들이 많다. 이 개념은 중요해서 앞으로도 자주 등장할 테니, 우선은 쉽게 접근할 수 있도록 설명해 보겠다.

| 오온 | 다섯 가지 모음 | 몸과 마음 |
|---|---|---|
| 색(色) | 물질, 형상 | 몸 |
| 수(受) | 느낌 | |
| 상(想) | 생각, 상상 | 정신 |
| 행(行) | 의지, 의도 | |
| 식(識) | 마음, 인식 | |

먼저 '색(色)'이다. 말하자면 이 몸, 형상을 말한다. 그리고 이 형상에 의해서 일어나는 느낌이 '수(受)'다. 그다음에 떠올리는 생각인 '상(想)'을 이야기하고, 의지와 의도를 담고 있는 '행(行)', 마지막으로 분별해서 인식한다는 '식(識)'이다.

예를 들어, 텔레비전에서만 보던 유명한 연예인, 송중기를 우연히 길에서 봤다고 치자. 실물[色]로 보니 더 잘생긴 듯 보였다. 예의도 바르게 보이고, 웃는 모습은 더 일품이라 느낌이 좋다[受]. 어딜 가나 하루 종일 그의 모습이 떠오르며 싱글벙글한다[想]. 다음날, 혹시 오늘도 그를 볼 수 있으려나 싶어 어제 우연히 만났던 장소에 설마 하며 다시 가본다[行]. 만나지는 못했지만 그의 환한 미소가 떠오르며 그에 대한 이미지가 저장된다[識].

예를 하나만 더 들어보자. 이번엔 저를 예로 들어보겠다. 제 목소리만 들어도 느낌이 생길 것이다. 듣기 좋다, 싫다 하는 느낌이나 감정들 말이다. 혹시 저를 좋아하는 분이라면 제가 나오는 텔레비전 프로그램이나 인터넷 동영상을 즐겨볼 것이다. 그러던 어느 날, 불교 공부를 하다가 멈추고 친구를 만났는데, 이야기를 나누던 중에 문득 '원영 스님' 생각이 떠올랐다면, 그게 바로 '상'이다. 그리고 스님이 그렇게 이야기를 했는데, 그게 맞나 틀리나, 스님을 다시 봐야겠다 싶어서 동영상을 재생했다면, 그것이 '행'이다. 행은 이렇게 의

도적인 행위를 말한다. 그랬더니 '역시나 원영 스님 강의는 듣기 좋다.'고 판단했다면 원영 스님에 대한 견해가 '식'으로 저장되는 것이다.

이 다섯 가지를 '오온'이라고 한다. 그리고 **오온이 깃들어져 있는 몸으로 인해서 받아들이고, 인식하고, 행하고, 재생하고, 저장하고 있는 이 모든 것들이 총체적으로는 자신의 업을 괴롭고 무겁게 하기 때문에 '괴로움의 원인', 즉 '오온성고'라고 한다.** 마음에서 일어난 이 번뇌를 총체적으로 가지고 있는 인간의 괴로움, '모든 것이 모여 있다.'고 해서 '오온취고(五蘊取苦)'라고 부르기도 한다.

자, 그럼 수준을 조금 높여서 다시 한 번 짚어보겠다.

조금 전에 말씀드린 것처럼, 색은 형상과 물질을 말한다. 말하자면 빛깔이나 모양을 가진 모든 물질, 그리고 그 물질을 이루는 기본 요소를 모두 '색'이라고 한다. 물질을 이루는 기본요소가 되는 네 가지를 '사대(四大)'라고 부르는데, 그 네 가지가 바로 '지(地)·수(水)·화(火)·풍(風)'이다.

『원각경』「보안보살장」에서는 지·수·화·풍, 사대를 이렇게 표현한다.

"지금 나의 몸은 사대가 화합한 것이다. 머리카락, 털, 손톱, 발

톱, 이빨, 살갗, 살, 힘줄, 뼈, 골수, 뇌, 더러운 형상은 다 땅으로
돌아가고, 침, 콧물, 고름, 피, 진액, 가래, 땀, 눈물, 정기, 대소변
은 다 물로 돌아가고, 따뜻한 기운은 불로 돌아가고, 움직이는
기운은 바람으로 돌아간다. 사대가 제각기 흩어지면 지금의 허
망한 몸은 어디에 있겠는가."

– 『원각경』「보안보살장」

우리의 몸이 사대로 이루어졌다는 것을 세세하게 설명하고 있다. 나
아가 세상 만물은 흙, 물, 불, 바람으로 이루어져 있다는 이야기다.
하지만 그렇다고 해서 모든 것이 정말 물이다, 불이다, 흙이다, 라고
판단하면 안 된다. 모든 것에는 땅의 성품과 물의 성품, 불의 성품과
바람의 성품이 들어 있다고 보는 것이 타당하다.

그러니까 '지·수·화·풍 사대로 이루어졌다.'는 것은 그러한 성
품들이 인연의 조합에 따라 모양을 형성하여 색을 이룬다는 말이다.
지·수·화·풍의 성질이 어느 정도의 배합으로 뭉치느냐에 따라 형
상과 물질이 달라지는 것이다.

다음은 느낄 수(受), 즉 느낌이다. 고락(苦樂)을 느끼는 감각작용
에 의해 생기는 감정이다. 자기 자신이 세상의 중심이 되어 느끼고 받
아들이는 작용을 말한다. 좋아하고 싫어하는 모든 감정이 여기서 생

긴다. 나는 그 사람을 너무 좋아하는데 그 사람은 나를 안 좋아하면 괴로워진다. 반대로 나는 너무 싫은데 상대가 나를 좋다고 맨날 쫓아다니면, 이것도 보통 힘든 일이 아니다. 어떤 경계를 만났을 때의 느낌은 우리가 외부의 그 무엇을 해석하는 데 있어 중요한 자료가 되고, 우리는 이러한 느낌에 의해 상대에 대한 태도를 결정하게 된다.

다음은 상(想), 생각이다. 느낌에 대해 인식하고 재생하는 것을 말한다. 여기에서 비로소 자기가 원하는 대로 마음이 움직인다. 느낌에 따라 만들어진 상상의 세계다. 좋은 느낌은 기쁨과 행복으로 나타나고, 싫은 느낌은 괴로움과 노여움으로 나타난다. 좋아하는 사람이나 맘에 드는 물건을 만났을 때, 설레고 갖고 싶고 보고 싶은 것이다. 심지어 상대의 감정과는 무관하게 나의 상상이 하염없이 펼쳐진다. 착각인 줄 모르고, 자기 나름의 감정과 개념을 만들어낸다.

다음은 행할 행(行)이다. 여기에는 의지와 의도가 담겨 있다. 자신의 생각과 선택을 실행에 옮기며, 그 마음의 상태를 유지하고자 한다. 이런저런 감정의 계산에 따라 자신의 행동을 결정하는 것이다. 그 결정된 행동들이 자신의 업(業)을 만든다. 의도를 가지고 실행에 옮겼을 때, 비로소 우리의 새로운 업이 형성되는 것이다.

오온의 마지막 식, 알 '식(識)'이다. 이것은 인식해서 저장하는 마음작용을 말한다. 대상을 통해 만들어진 자신의 느낌과 생각, 의지를 담은 행동이 만들어낸 의식이다. 여러 가지를 고려하여 종합적으로 판단을 내리고, 결정해서 받아들이는 과정이 식온(識蘊)에 해당한다. 자기 스스로 이미 결론을 내린 것이니, 여기서 선입견이 생겼다고 봐도 되겠다. 이후에는 같은 대상에 대해 먼저 떠오르는 개념이나 감정이 생길 것이기 때문이다.

우리가 살아가면서 수행을 해야 하는 이유 중 하나가 바로 자기 결론에 빠져 허우적대지 않기 위해서다. 불교를 배우면서도 마음공부를 하지 않으면 자신의 업을 이겨낼 수가 없다. 우리에게 수행은 결국 오온을 녹이는 연습이라고 할 수 있다.

3

무
상

모든 게 부질없어

소설도 꿈속의 이야기요,
꿈 또한 허망한 세상의 이야기니,
불교적 관점에서 보면
우리 인생 그대로가 소설이요, 꿈이다.
그야말로 모든 것이 허망한 꿈 아닌 게 없다.
모든 것은 영원할 수도 없고,
사라지는 것이 당연하고도 진실한
존재의 생존 양식이다.

# 허망한 꿈
# 무상한 인생

---

'제행무상(諸行無常)'은 모든 존재가 끊임없이 변화해 간다는 것을 의미한다. 일체 만물이 끊임없이 생겼다가 사라지고 변화하여 한순간도 동일한 상태에 머물러 있지 않다는 가르침이다. 나이를 먹을수록 가장 많이 느끼는 것이 바로 '무상(無常)'인 것 같다. 세상은 끊임없이 변화한다는 그 무상의 지혜를 어떤 형태로든 세월이 일깨워준다.

인간에게 꼭 필요한 물만 하더라도 그 변화를 통해 무상의 가르침을 알 수 있다. 보통의 온도에서는 물의 형태로 존재하다가 온도를 높여 끓이면 수증기가 되어 증발하고, 또 영하의 온도에 두면 얼음이 되면서 딱딱한 고체의 형태를 갖게 된다. 계절별로 보면 수증기로 증발하여 여름엔 폭우를 내리기도 하고, 겨울에 영하권으로 추워지면 눈으로 내려와 세상을 덮고 꽁꽁 얼어붙게 만든다.

물 하나조차 이렇게 온도를 높이거나 낮추는 조건에 따라 변화가 생긴다. 마찬가지로 **이 세상의 모든 것들이 당면해 있는 현실이나 처해 있는 조건에 따라 결과물은 달라지게 마련이다.** 이것이 '모든 것은 변한다.', '세상에 늘 똑같은 것은 없다.'는 의미를 담은 '무상'의 개념이다.

무상을 실감나게 표현한 소설이 있다. 『구운몽(九雲夢)』이라는 고전소설이다. 이와 유사한 춘원 이광수의 『꿈』이라는 소설도 있다. 얼핏 보면 두 소설의 스토리가 비슷해 보인다. 공교롭게도 주인공 역시 둘 다 스님이다.

먼저 『구운몽』은 '성진'이라는 승려가 우연한 기회에 아름다운 선녀들을 만나게 되고, 그로 인해 마음속에서 깊은 갈등을 겪는 내용이다. 주인공은 세속적인 삶을 원하며 괴로움에 허덕이다가 꿈을 꾸게 되는데, 꿈속에서는 소망대로 아름다운 여인을 만나 결혼하고 온갖 부귀영화를 누리며 화려한 인생을 살게 된다. 그러나 자신이 원하던 삶을 이루었지만, 마음속에 생긴 공허함은 어쩔 수가 없다. 계속해서 그는 괴로워하고 슬퍼하며 인생의 덧없음을 느낀다. 이렇게 꿈속에서나마 인생의 덧없음을 깨달은 주인공은 결국 꿈에서 깨어나 안도의 숨을 쉰다. 승려로 돌아온 뒤에는 다행히도 세상에 대한 미련을 날려버린다는 내용을 담고 있다.

반면 『꿈』이라는 소설에서는 '조신'이라는 승려가 절에 기도하러 온 반가의 여인에게 홀딱 반한다. 번뇌 망상이 들끓던 스님은 결국 그 여인과 인연을 맺게 해달라고 부처님께 기도를 올리게 되는데, 그러면서 엉뚱한 방향으로 사건이 전개된다. 사모하던 여인이 법당에서 기도 중인 조신 스님을 찾아와 '스님을 사모하오니 자신과 함께 도망가자.'라고 한다. 조신은 조금의 망설임도 없이 사랑하는 여인과 함께 야반도주하여 강원도 산속에서 가난하지만, 행복하게 산다.

하지만 훗날 자신을 찾아와 무리한 요구를 하는 도반스님을 죽이고, 도망자 신세에 궁핍한 생활까지 이어져 자식마저 굶어 죽게 된다. 그로 인해 고단하고 힘든 삶을 포기하고 싶어진 부부는 서로를 위해 헤어질 생각을 한다. 살인을 저지른 조신은 결국 잡히고, 형장에서 죽기 직전에 괴로워하며 몸부림치다가 꿈에서 깨어난다. 관세음보살님이 삶의 무상함을 이렇게 가르쳐주신 모양이다. 두 소설다 인생의 덧없음을 깨닫게 해준다.

소설도 꿈속의 이야기요, 꿈 또한 허망한 세상의 이야기니, 불교적 관점에서 보면 우리 인생 그대로가 소설이요, 꿈이다. 그야말로 모든 것이 허망한 꿈 아닌 게 없다. 모든 것은 영원할 수 없고, 사라지는 것이 당연하고도 진실한 존재의 생존 양식이다. 그 모습을 통해 우리는 무상을 배우고 '생주이멸(生住異滅)'의 과정을 확인할 수 있다.

생주이멸은 모든 사물이 생기고[生], 유지하며[住], 변화하고[異] 사라지는[滅] 네 가지 상태를 말한다. 이는 인간이 겪어야만 하는 '생로병사'와도 비슷한 리듬을 갖는다. 우리의 마음도 마찬가지로 생주이멸의 과정을 거친다.

또 이것을 우주의 모습에 빗대어보면, 성주괴공(成住壞空)으로 해석할 수 있다. 즉 우주가 생성되고[成], 머물러 존속하며[住], 무너져서[壞] 다 흩어진다[空]는 원리를 말한다. 사람이든 공간이든, 모든 것은 영원히 존속할 수 없으며, 유지하다가도 언젠가는 사라지는 것이 존재의 실상이라는 의미를 내포하고 있다.

| 생(生) | 생겨남 | | 성(成) | 생성됨 |
|--------|--------|---|--------|--------|
| 주(住) | 유지됨 | ⇨ | 주(住) | 머무름 |
| 이(異) | 변화함 | | 괴(壞) | 무너짐 |
| 멸(滅) | 사라짐 | | 공(空) | 흩어짐 |

살다 보면 우리의 감정은 누군가를 좋아했다가 싫어했다가, 사랑했다가 미워했다가 하면서 변덕이 죽 끓듯 한다. 그런 감정을 자세히 관찰하다 보면 생주이멸의 무상한 이치를 파악할 수 있다. 예를 들

어 결혼 전에는 그토록 사랑하는 것 같고 목숨도 내놓을 정도로 좋은데, 결혼하고 살다 보면 점점 감정은 무뎌지고, 더러는 의리로 산다는 말까지 나온다. 잘은 몰라도 대부분의 부부가 느끼는 패턴이 이와 비슷한 것 같다. 모두가 생주이멸의 과정을 거치기에 그렇다.

다산(茶山) 정약용(丁若鏞, 1762~1836) 선생의 글 중에「독소(獨笑)」라는 시가 있다. '혼자 웃는다'는 의미다. 삶의 이치를 담고 있는 듯 마음에 쏙 박히는 글이다. 내용은 이러하다.

곡식이 많은 집에는 먹을 사람이 없고
아들 많은 집에서는 굶주릴까 시름하네.
높은 관직에 앉은 이는 어리석기만 한데
재주 있는 이는 재주를 펼 길이 없구나.
충만한 복을 다 갖춘 집은 드물고
지극한 도는 늘 더디기 마련이네.
아비가 절약하면 자식이 탕진하고
아내가 지혜롭다 싶으면 남편이 꼭 어리석네.
달이 가득 차면 구름이 자주 끼고
꽃이 활짝 피면 바람이 그 꽃을 떨구네.
무릇 세상만사가 모두 이런 것이니

나 홀로 웃는 이유를 아는 이 없다네.

有粟無人食(유속무인식)　　多男必患飢(다남필환기)
達官必準愚(달관필준우)　　才者無所施(재자무소시)
家室少完福(가실소완복)　　至道常陵遲(지도상릉지)
翁嗇子每蕩(옹색자매탕)　　婦慧郎必癡(부혜랑필치)
月滿頻値雲(월만빈치운)　　花開風誤之(화개풍오지)
物物盡如此(물물진여차)　　獨笑無人知(독소무인지)
　－『다산시문집』

세상에 내 마음대로 되는 일은 별로 없다. 그래서 한 사람 한 사람 유심히 들여다 보면, 삶의 비애가 없는 사람이 없다. 무상함을 통절히 느낀다는 것은 어쩌면 인간에 대해, 세상에 대해 각성하는 계기를 만들어주는 것 같다.

　초기불교에서는 인간이 태어나서 자라고 늙고 죽을 때까지 경험하게 되는 모든 육체적·정신적 변화에 대해 '무상'의 개념을 들어 이야기하곤 했다. 자세히 관찰해 보면 누구나 파악할 수 있는 사실이 '무상'이기 때문이다. 앞에서 이야기한 괴로움의 원인이 되는 것 또한 이러한 '무상'의 진실을 우리가 알면서도 외면하며 살아가기 때문이다.

그럼 왜 이런 변화가 생기는 것일까. 그 대답은 '제법무아(諸法無我)'로 연결된다. '무아(無我)'이기 때문에 '무상'한 것이다. 이 문제는 '무아'에 대한 설명에서 더 자세히 살펴보도록 하겠다. 괴로움의 원인을 '무상'의 이치에서 발견할 수 있듯이, '무상과 무아' 또한 사실은 따로 떼어놓고 이야기하기가 어렵다. 모든 사물은 인연에 의해 형성되기 때문이다. 즉, 우리 모두는 조건에 의해 만들어진 다양한 집합체에 불과하기에, 무상하다고 말하는 것이다.

# 아소까 왕의 참회

인도 역사상 최초의 통일 제국을 이룬 마우리아 왕조의 세 번째 왕이자 불교의 자비를 사회법칙으로까지 적용시켜 최고의 군주로 추앙받고 있는 아소까(Aśoka) 왕에 대한 이야기다. 전륜성왕의 모델로 일컬어지는 아소까 왕도 첫 시작은 그리 좋지 않았다. 빈두사라(Bindusāra) 왕의 100명의 자식 가운데 하나였던 아소까 왕은 형제였던 99명의 왕자들을 죽이고 왕이 되었다. 왕이 된 후에는 이웃 나라와 전쟁을 일으켜, 정복 사업에만 몰두하던 전쟁광이었다. 전쟁에서만 무려 10만 명을 죽이고, 15만 명을 생포했다고 전해진다.

그러던 어느 날, 칼링가(Kalinga) 왕국과의 전투에서 승리한 후 그의 심경에 큰 변화가 생긴다. 황폐한 전쟁터를 바라보며 아소까 왕은 생각했다.

'이런 것이 승리인가? 이것은 정의인가, 불의인가? 이것이 용기라면 무고한 아이와 여자들을 죽이는 것이 용기인가? 내가 한 일은 제국을 넓히고 번성시키고자 함이 아니었던가? 다른 왕국을 파괴하기 위한 것이었던가? 남편을 잃은 여인, 아버지를 잃은 아이, 아이를 잃은 부모, 이것이 승리의 징표인가? 시체에 몰려드는 독수리와 까마귀들은 죽음과 악의 사자들이 아닌가?'

그는 깊이 반성하게 되었다.

이렇게 전쟁의 참담함을 뼈저리게 느낀 아소까 왕은 무력에 의한 정복 활동은 중지를 선언하고, 이를 계기로 불교에 귀의하게 된다. 이후 그는 불법(佛法, dharma)에 의한 덕치주의를 추구했다. 이로써 아소까 왕의 마우리야 왕조는 역대 최대의 영토를 자랑하는 제국이 되었는데, 북쪽으로는 히말라야 산맥을 따라 뻗어 나갔고, 동쪽으로는 현재 인도의 아삼(Assam) 주 일부까지 뻗어 나갔다. 서쪽으로는 현재의 파키스탄 지역을 넘어 아프가니스탄 지역에 있는 헤라트(Herat)와 칸다하르(Kandahar) 지방을 포함하는 광활한 영토를 지배하게 되었다.

인도 내에서 일찍이 존재하지 않았던 거대 제국을 완성한 아소까 왕은 불교뿐만 아니라 모든 종교를 평등하게 존중하였다. 다만 그의 통치 이념은 어디까지나 불법에 근거한 것이었다. 아소까 왕이 남겨놓은 뛰어난 조각 예술로 장식된 석주(石柱)가 지금까지도 그의 삶과 종교, 업적 등을 확인시켜주고 있다. 제아무리 위대하거나 모두를 떨게 하던 무서운 왕이었어도, 무상함을 깨닫는 순간 삶을 대하는 태도 전체가 달라질 수 있다. '참회'는 그 변화의 시작이었다.

# 허망한
# 세상의 이치

'무상'이라는 것은 '시간적으로 인식했을 때의 변화'를 말한다. 시간, 그러니까 시간의 흐름에 따라 조건이 달라지고, 그 조건이 달라짐에 따라 나타난 현상도 달라진다는 것을 이야기한다. 예를 들어, 가을에 단풍이 들어 너무 아름다운데, 세찬 가을비가 한 번 내리고 나면 단풍이 우수수 떨어지고, 그것이 반복되면 머지않아 앙상한 가지로 남는다. 그 앙상한 가지만 보고도 '무상하다' 이렇게 느낄 때가 있긴 하지만, 그렇다고 해서 눈물까지 흘리며 슬퍼하진 않는다. 왜냐하면 내년 봄이 되면 저 나무에서 다시 파릇한 새싹이 올라올 것을 알기 때문이다.

내년 봄에 또 싹이 나고 잎이 돋고, 여름에 무성했다가 가을이면 곱게 단풍 들고 또 떨어지며 겨울을 잘 난다. 그리고 지난 세월 동안

해마다 보아왔기 때문에, 그다음에 또다시 잎이 돋을 것을 알고 있다. 다만 이것을 시간적 관점으로 보았을 때, 늘 같지 않고 변화한다고 해서 우리는 무상하다고 말하는 것이다. 이와 같이 '**무상**'이란 단어에는 부정적인 느낌이 들어 있는 것처럼 보이지만, 실제 불교에서 말하는 '무상'의 개념에는 부정의 느낌도 긍정의 느낌도 없다. 현실에 대한 '있는 그대로의 사실 파악'일 뿐이다.

인간의 감정도 마찬가지다. 생주이멸의 변화가 수없이 반복된다. 감정이 생기고, 머물고, 변화하고, 사라지는 현상이 거듭된다. 아무리 기뻐도 24시간 기쁠 수는 없다. 일생 내내 좋을 수도 없다. 마찬가지로 아무리 슬퍼도 사람이 24시간 내내 슬플 수는 없다. 사랑하는 사람이 먼저 돌아가셨다 해도 마찬가지다. 너무 괴롭고 슬프지만, 그렇다고 해서 24시간 내내 슬프진 않다는 이야기다. 물론 처음에야 24시간 내내 슬플 수도 있다. 하지만 시간이 가면 그 슬픔은 점점 약해진다. 사랑하는 이가 떠났다고 해서 1년 내내, 3년 내내, 10년 내내 '괴로웠다', '슬펐다', '단 한 번도 웃지 않았다', '죽고 싶다', 이런 사람은 그리 많지 않다. 시간이 흐르면 처음에 비해 아주 조금씩이나마 나아진다. 오죽하면 "남의 죽음이 내 고뿔만도 못하다."라는 속담이 다 있을까.

이러한 상황은 장례식장에 가보면 가장 잘 알 수 있을 것이다. 장례식장에 들어서면 늘 슬프다. 고인이 된 분의 연세가 제아무리 많아도 죽음은 사랑하는 가족 모두에게 슬픔을 안겨준다. 100세에 돌아가셨어도 일찍 가신 듯 애틋하고 가슴 아픈 건 똑같다는 말이다. 하물며 젊은 사람의 장례식이야 오죽하겠는가. 말할 것도 없다. 젊은이가 떠났다고 염불을 청해서 장례식장에 가보면 괴롭고 암울한 기운이 가득하다. 내가 전혀 모르는 사람인데도 가슴이 먹먹해질 정도로 너무 안 돼서 눈물을 훔친다.

여러분이 아는 사람 중에 열심히 살다가 갑작스레 돌아가신 분이 있다고 해보자. 그런 분의 장례식장에 다녀오면 '이렇게 살 필요가 있을까, 인생이 이렇게 무상한데 뭐 그리 열심히 살았을까. 앞으로는 일에만 매어 있지 말고 가족들과 함께 더 많은 시간을 보내야지.' 하며 다짐한다.

그런데 처음 며칠은 그 마음이 계속 떠오르지만, 머지않아 잊힌다. 사랑하는 연인이나 친구, 가족이 그런 일을 당해서 장례식을 치르면 그나마 무상함에 대한 그 인식과 다짐이 조금 길게 가지만, 자신이 잘 모르는 회사 동료나 먼 친척 장례식에 갔다 오면 나도 모르는 사이 금세 잊어버리게 된다.

며칠 전 친구의 어린 아들이 죽었다는 소식을 듣고 장례식장에 가게 되었다고 생각해 보자. 가슴을 쥐어뜯으며 울부짖는 친구를 보며 '아이고, 집에 가면 우리 아들한테 잘해줘야지, 너무 괴롭히지 말아야지.' 다짐하면서 집에 돌아왔다. 그런데 아들이 집을 엉망으로 해놓고 방에 틀어박혀 게임만 하고 있다면 어떨까. 잘해줘야겠다던 그 다짐은 어디로 가고 당장에 고함부터 친다. "이놈의 새끼! 게임 그만하고 공부 좀 해라. 넌 도대체 뭐가 되려고 그러니!"

# 시간과
# 죽음

---

일본에는 죽음이 다가오기 전 마지막 감회를 시로 표현한 '사세구 (辭世句, 절명시絶命詩)'라는 게 있다. 대체로 일본 전국 시대 무장들의 기록이 많이 남아 있다. 예를 들어 무장이었던 다케다 노부카쓰(武田 信勝, 1567~1582)는 죽기 전에 다음과 같은 사세구를 남겼다.

허무하구나, 모든 것이 폭풍 앞의 벚꽃이로다.
흩날릴 때까지는 한낱 봄날의 꿈일 뿐임을.


あだに見よ誰も嵐の桜花
咲き散る程は春の夜の夢

또 어떤 장수는 죽기 전에 이런 말을 남겼다.

　달과 꽃을 마음대로 다 보았으니
　덧없는 세상에 무슨 미련이 있겠는가.


　月花を心のままに見つくしぬ
　なにか浮き世に思ひ残さむ


달도 차면 기우는 법이다. 권력이 있을 때는 '나는 새도 떨어뜨린다.'
고 말한다. 하지만 권력을 잃을 때는 어찌나 빠른지 '추락하는 새는
날개가 없다.'고 한다. 우리네 삶이 얼마나 무상한지는 일생 동안 권
력만을 쫓던 권세가들을 통해 더 확연히 느낄 수가 있다. 그러나 알
다시피 '권불십년(權不十年)'이라 하지 않던가. 권세라는 게 길어봐야
10년이다. 천하통일을 이룬 진시황(秦始皇)도 권력을 누린 것은 고
작 10년이었다. 또한 진시황이 세운 진(秦)나라도 15년을 버티지 못
하고 망하고 말았다.
　미국의 현대 시인 랜터 윌슨 스미스(Lanta Wilson Smith, 1856~1939)
의 유명한 시가 있다. 「이것 또한 지나가리라(This, Too, Shall Pass
Away)」라는 시다. 힘들어하는 이에게 용기를 줄 때 자주 써먹는 시

인데, 사실 시 뒷부분을 보면 위로보다는 우리에게 경각심을 일으켜
각성하게 만드는 내용이다. 여기서는 그 후반부를 소개하겠다.

행운이 너에게 미소를 짓고
하루하루가 환희와 기쁨으로 가득 차
근심 걱정 없는 날들이 스쳐갈 때면
세속의 기쁨에 젖어 안식하지 않도록
이 말을 깊이 생각하고 가슴에 품어라.
'이것 또한 지나가리라.'


When fortune smiles, and

full of mirth and pleasure,

The days are flitting by without a care,

Lest you should rest with only earthly treasure,

Let these few words their fullest import! bear:

'This, too, shall pass away.'


너의 진실한 노력이 명예와 영광
그리고 지상의 모든 귀한 것들을

네게 가져와 웃음을 선사할 때면

인생에서 가장 오래 지속될 일도, 가장 웅대한 일도

지상에서 잠깐 스쳐가는 한순간에 불과함을 기억하라.

'이것 또한 지나가리라.'


When earnest labor brings you fame and glory,

And all earth's noblest ones upon you smile,

Remember that life's longest, grandest story

Fills but a moment in earth's little while:

'This, too, shall pass away'


괴로움이 지나가듯 기쁨 또한 지나간다는 말이다. 그 어떤 권세도, 영광도 씁쓸하게 만드는 시가 아닐 수 없다. 이렇듯 '무상'에 대한 현실 인식은 시간의 흐름과 연관이 깊다.

인도 말로 '시간'을 뜻하는 단어가 '깔(kāl)'이다. 그런데 놀랍게도 이 '깔'이라고 하는 단어에는 '죽음'이라는 의미도 있다. 그러니까 인도 말로 시간도 '깔'이고, 죽음도 '깔'이다. 동음이의어가 되는 셈이다. 처음 이 사실을 알았을 때는 시간과 죽음을 동일시하는 것 같아 시계만 봐도 왠지 무섭게 느껴졌다.

몇 년 전 체코를 간 일이 있었다. 체코 프라하 광장에 가면 1410년에 설계된 천문시계가 있다. 멀리서도 볼 수 있는 아주 크고 오래된 천문시계인데, 정시(定時)가 가까워지자 정말 많은 관광객들이 이 시계를 보기 위해 모여들었다. 정각이 되면 도대체 무엇이 나타나도록 설계되었기에 이렇게 많은 인파가 모이는 것일까 궁금했다.

잠시 후 시곗바늘이 6시 정각이 되었다. 그러자 두 개의 작은 창을 통해 누군가 나타났다. 그리곤 갑자기 해골이 종을 치고, 모래시계를 뒤집어 시간의 흐름을 알렸다. 시간이 얼마 남지 않았다고, 죽음이 너에게 올 때가 얼마 남지 않았다고 알려주는 것만 같았다. 다른 누구도 아니고, 해골의 형상이 종을 치니까 가슴에서 무언가 쿵하고 떨어지듯 느껴졌다.

종을 칠 때마다 "네가 이렇게 시간을 보내는 사이에 죽음은 더 가까이 와 있단다."라고 말해 주는 것 같았는데, 아마 이런 메시지를 전하기 위해 설계자가 일부러 해골이 나타나 종을 치게 만든 게 아닐까 하는 생각을 했다. 그런데 정말 재밌는 건 옆에서 인간의 모습을 한 조각상이 나타나 해골의 메시지를 거부하듯 고개를 좌우로 흔들어대는 것이었다. 기가 막혀 웃음이 났다. 아마 저것이 바로 우리들의 모습이겠거니 싶었다. 누군가 우리에게 시간이 얼마 남지 않았음을 알려준대도 어리석은 인간들은 모른 척 거부하고, 쓸데없는 욕

1 삼법인

망들을 쫓아 살아가고 있으니 말이다.

인도인들이 시간과 죽음을 동일시했듯이, 유럽 사람들도 분명 죽음과 시간을 함께 받아들여 해석했던 것 같다. "자는 사람은 깨울 수 있어도 자는 척하는 사람은 깨울 수 없다."라고 했다. 듣고 있으면서도 못 들은 척하는 사람에게는 이야기해 봐야 소용없다. 현명한 메시지를 접했을 때, 자는 척하지 말고, 못 들은 척하지 말고, 눈을 떠 '무상'한 현실을 직시하자. 그래도 괜찮다. 너도, 나도 무상한 삶을 살고 있지 않은가.

# 속도와
# 무상의 인식

---

너도 무상하고, 나도 무상하다. 이 자연도, 저 우주도 다 무상하다. 그렇게 너나할 것 없이 모두가 무상하기 때문에, 삶의 모습을 인식하면서도 그러려니 하고 잊고 묻어버린다.

과학적으로 확인된 사실 가운데 하나를 예로 들어보면 이렇다. 우리가 사는 지구는 자전(自轉)을 한다. 계속해서 스스로 돈다. 그 속도가 무려 시속 1,300킬로미터에 달한다고 들었다. 이 빠르기는 감히 내 머리로는 상상할 수 없는 속도다. 생각해 보라. 우리가 지방 갈 때 타고 다니는 KTX가 엄청 빨리 달릴 때는 시속 300킬로미터 가까이 간다. 시속 280~290킬로미터 정도다. 그런데 스스로 빙글빙글 도는 속도가 시속 1,300킬로미터라니 어마어마한 속도다. 그런데 우리는 느끼지 못한다. 왜 그런가 하면, 우리 모두가 같이 돌고 있기 때문이다.

　기차가 출발해서 운행 중일 때는 고정된 건물이나 물체를 지나 앞으로 쭉 나가니까 기차가 가는 중인 것을 아는 것이다. 뒤로 사라지는 바깥 풍경을 보면 그제야 '아, 기차가 이제 출발하는구나.' 하면서 기차의 빠르기를 알 수 있다. 만약에 그 바깥 풍경도 똑같은 속도로 움직인다고 생각해 보면 어떨까? 기차와 기차 밖의 고정된 실체가 다 같은 속도로 동시에 움직인다고 하면, 기차의 움직임을 우리가 인지할 수 있을까? 아닐 것이다. 기장이 안내해 주지 않는 한, 기차를 탄 사람들은 자신들이 시속 300킬로미터로 가고 있다는 것을 눈치 채지 못할 것이다.

　이와 마찬가지로, 지구가 자전할 때도 우리는 잘 모른다. 또한 사람들도 너나 할 것 없이 세상 모두가 무상하기 때문에, 감각적으로 둔해지고 잊어버리는 것이다. 그러니 저 사람이 죽음에 이르렀을 때 자신도 나중에 때가 되면 죽을 것이라는 사실을 알면서도 무디게 받아들이게 된다. 친구의 부모님이 돌아가셔서 장례식장에 가도 '아이고, 그러셨구나. 좋은 곳에 가셨을 거야.' 위로는 하지만, 그것이 정작 자신에게 닥칠 일로써 확연히 받아들여지지는 않는다는 말이다.

　그런 걸 생각해 보면 우리들은 자신의 생각에만 빠져 많은 판단을 내리는 것 같다. 자기의 삶을 기준으로, 자기 생각에 갇힌 채 다른 것들을 보고, 다른 사람을 함부로 평가한다. 자기가 영위하는 삶을 바탕으로 자신을 만들어 표현하는 것에만 바쁜 편이다. 그러니 누군가 '무상'의 이치를 상세히 가르쳐주어도 자신의 경험이 강렬하지 않다면, 그 전달력은 매우 약할지도 모른다.

# 아들의 죽음을
# 받아들이지 못한 어머니

---

부처님 당시에 '끼사고따미(Kisāgotamī)'라는 여인이 있었다. 그녀는 결혼하여 아들을 낳았는데, 아장아장 걸을 무렵 아기가 그만 죽고 말았다. 자기 아이가 죽었다는 것을 믿을 수 없었던 여인은 죽은 아이를 안고 다니며 만나는 사람마다 아이를 살려달라고 애걸했다. 사람들은 점점 미쳐가는 그 여인에게 부처님을 찾아가 보라고 권했다. 그래서 여인은 부처님을 찾아가 눈물을 흘리면서 사랑하는 내 아이를 좀 살려달라고, 죽은 아이를 끌어안고 간청하였다.

그때 부처님께서 말씀하시기를 "아무도 죽은 적이 없는 집에 가서 겨자씨를 얻어오시오."라고 한다. 이에 여인은 희망을 안고 죽은 아이를 안은 채 집집마다 두드리면서 물었다.

"혹시 이 집에 돌아가신 분이 있습니까?"

"돌아가신 분이요? 얼마 전에 할머니가 돌아가셨는데요."

"아, 그래요?"

또 다른 집에 가서 "혹시 이 집에 누구 돌아가신 분이 있습니까?" 물으니 이번엔 "얼마 전에 내 조카가 죽었는데요." 한다. 또 어느 집에 가서 물어보니 "우리 아버지가 돌아가셨어요.", "우리 아이가 먼저 갔는데요." 등등 어느 집이건 죽은 사람이 없는 집은 단 한 집도 없었다. 사람들도 불쌍한 여인을 돕고 싶었지만 누구도 그 일을 도울 수가 없었다. 결국 여인은 아무도 죽은 적이 없는 집을 단 한 집도 찾지 못하고 돌아서야 했다.

그제야 여인은 깨닫게 된다. 죽음에 당면한 것은 자신의 가정만이 아니라는 사실을, 지금 살고 있는 사람들보다 더 많은 사람들이 이미 죽었고, 현재도 죽어가고 있으며, 앞으로도 죽을 것이라는 사실을 알았다. 이러한 사실을 깨닫고 난 후, 그녀는 죽음을 바라보는 시선은 물론, 자기 삶에 대한 태도까지 달라졌다. 더 이상 육신에 집착하지 않게 되었다.

여인은 숲으로 들어가 안고 있던 죽은 아이의 시체를 두고, 부처님께 돌아가 말씀드렸다. "부처님께서 제게 어떠한 가르침을 주시려고 했는지 제가 알겠습니다."

부처님께서 끼사고따미에게 말씀하셨다.

"그대는 오직 그대만이 아들을 잃어버렸다고 생각했다. 그러나 그대가 지금 깨달은 것처럼, 죽음이란 모든 존재에게 오는 것이다. 그들의 욕망이 다 채워지기 전에 죽음은 그들을 데려간다."

부처님의 말씀을 듣고 여인은 무상에 대한 깨달음을 얻었다. 나아가 출가하여 모든 존재의 무상한 모습에 마음을 집중하고 열반을 체득하기 위하여 열심히 정진하였고, 드디어 완전한 깨달음을 성취하였다고 한다. 『담마빠다(Dhammapada, 법구경法句經)』에 전해지는 이야기다.

# 지·수·화·풍으로 돌아가는
# 인간의 몸

생명 있는 모든 존재의 실상을 바라보면 모두 다 무상하다. 그러므로 모든 존재는 어디에 있다 해도, 무엇에 의해서도 중생의 마음으로는 괴로움에서 벗어날 수가 없다. 생명이 있는 모든 존재는 개체를 유지하는 것만으로도 수많은 괴로움이 따른다. 마치 물이 적은 곳에 사는 물고기처럼 팔딱거리면서 평온하지 못한 삶을 산다.

그런데 서로서로가 다 무상하다 보니 그것을 모르고 그냥 넘긴다. 쉬이 잊어버리도록 시간은 점점 더 빨리 흘러간다. 그럼 무상한 인간은 어떻게 되는가. 『맛지마니까야』에 나오는 말씀이 있다. 부처님께서 모든 현상의 뿌리에 대해 설명하면서, "지(地)·수(水)·화(火)·풍(風)으로 이루어진 이 육신에 집착해서 영원한 자아라고 생각하고, 나의 것이라고 애착하고 육신에서 즐거움을 찾는 것은 모든 현상의 뿌리를 이해하지 못하기 때문"이라고 하셨다. 바꿔 말하면 삶에 집착하지 말고, 생멸하는 현상을 있는 그대로 보아야 한다는 말씀이다.

우리의 몸은 뼈와 살로 이루어져 있고, 또 피가 돌며 36.5도의 온기가 생긴다. 앞에서 죽음에 대한 이야기를 여러 번 했지만, 죽은 사람은 온기가 없다. 죽고 나서 시간이 지나면 자연스럽게 지·수·화·풍으로 돌아가는 것이 인간의 몸이다. 그런데 이것을 영원한 어떤 존재가 있어서 사후에도 계속 유지된다고 생각한다면, 그것은 불교적 사유방식이라고 볼 수 없다.

예를 들어, 내가 죽어서 화장하지 않고 매장을 했다고 한다면 더 쉽게 이해가 갈 것이다. 일단 나의 온기는 바람으로 흩어질 테고, 시간이 갈수록 부패되어 몸에서는 구멍마다 물이 나올 것이다. 물이 빠져나가면 피부가 말라비틀어지고 분해되어 점점 흙 속으로 사라진다. 그렇게 나의 몸은 지·수·화·풍의 성질로 돌아가게 될 것이 자명하다.

이번에는 조상님들을 모신 선산의 산소들을 한번 생각해 보자. 선산의 풀과 나무, 흙 속에 지·수·화·풍으로 흩어진 내 조상님들의 육신이 남아 있을까. 언뜻 생각하면 약간 무섭기도 하고 달리 보일 수도 있는데, 전혀 그렇지 않다.

겨울 지나 봄이 오면 선산에 찾아가 보라. 연두색 나뭇잎이 산뜻하게 느껴질 테고, 부모님의 산소가 있으니 정겹고 따뜻하고 포근하게 느껴질 것이다. '돌아가신 부모님의 몸뚱이가 부패해서 나온 물이 지하로 흘러 들어가고, 그 물을 흡수해서 나무가 저렇게 자랐겠지?' 하고 생각하며 선산의 봄 풍경을 감상하는 사람은 거의 없을 테니 말이다.

그렇지만 저는 간혹 강의 시간에 지·수·화·풍으로 돌아가는 인간의 몸을 이야기하며, 저 산천초목을 키우는 것이 바로 그 지·수·화·풍이라고 강조한다. 왜냐하면 우리가 대자연에 감사하고, 보존해 나가야 하는 이유를 거기에서 발견할 수 있다고 생각하기 때문이다. 내 부모님을 비롯한 먼저 돌아가신 모든 분들의 몸이 이 세상을 이루는 일부분으로 남아 있으며, 우리 삶의 터전을 제공하고 있다고 믿어 의심치 않는다. 그러니 돌아가신 부모님께 잘하고 싶다면, 자연을 사랑하라.

# 무상하니까
# 정진해라

---

부처님께서는 무상한 이 세상에 살면서도 열심히 정진하라고 말씀하셨다. 옛 선인의 가르침을 인용하면서까지 세상의 모습을 일깨워주셨고, 그에 따라 우리는 부지런히 정진해야 한다는 것이다. 『앙굿따라니까야』에 그 내용이 나온다.

'마치 풀잎 끝의 이슬방울이 해가 뜨면
재빨리 말라버려 잠시도 머물지 않듯이,
우리의 삶도 또한 이슬방울 같다.

마치 큰 빗방울이 물에 떨어져 물거품이 생겼다가
순식간에 사라져 잠시도 머물지 않듯이,

우리의 삶도 또한 물거품 같다.

마치 물 위에 막대기로 그은 선이
긋자마자 사라져 잠시도 머물지 않듯이,
우리의 삶도 또한 물 위에 그린 선과 같다.

마치 산의 계곡물이 재빨리 흘러
모든 것을 휩쓸어가며 잠시도 1초도
머물지 않고 돌진하며 소용돌이치며 흐르듯이
우리의 삶도 또한 산의 계곡 물과 같다.

이와 같이 사람의 삶은 이슬과 같고, 물거품 같고,
물 위에 그은 선과 같고, 산의 계곡 물과 같다.
인생은 짧고 제한돼 있고, 보잘것없고
괴로움과 절망으로 가득 차 있다.
이 진리를 깨달아라! 선을 행하라!
태어난 모든 것들에게 불멸이란 없다.'

그러므로 비구들이여, 장차 후회하지 않도록

고요한 곳에서 부지런히 정진하여라.

이것이 그대들에게 주는 나의 가르침이다.

- 『앙굿따라니까야』


불교에서 말하는 무상에는 확실히 '허무주의'라고 불릴 만한 요소들이 담겨 있는 것이 사실이다. 하지만 그것은 어디까지나 자신이 받아들이는 느낌일 뿐이다. '무상'은 자기 자신과 세상을 똑바로 응시했을 때 알아차릴 수 있는 명확한 사실이다. 음산한 허무주의에 빠져 살라고 부처님께서 무상을 이야기한 것이 아니다. **자신의 실체와 세상 만물의 이치를 알게 함으로써, 나아가 보리심을 발하고 부지런히 정진하여 중생에 대한 자비를 구현할 수 있도록 이끌어주기 위한 가르침이 '제행무상'이다.** 그래서 무상하니까 정진하라는 말씀을 하신 것이다.

생각해 보면 인류 문명에서 부처님만큼 인간의 존재의미를 치열하게 사색한 분은 없다고 자신 있게 말할 수 있다. 그분의 치열한 수행과 깨달음의 결과, 우리는 세상의 무상함을 관찰할 수 있고, 나이의 많고 적음에 관계없이 인생을 달관한 태도로 바라볼 수 있는 것이다.

수많은 불경에서 그 가르침을 배워 세상의 이치를 바로 보게 되면, 평생 쌓아 올린 모든 것을 일순간 내려놓을 수도 있고, 복잡한 인연의 실타래를 단숨에 끊을 수도 있으며, 높은 지위와 권력자들조차 불편함 없이 편안하게 대할 수 있다. 이 모두가 자신의 삶을 무언가 특별하고 대단한 것으로 여기지 않아야 비로소 가능한 일이다.

생멸의 변화는 누군가의 의지에 의해 발생하지 않는다. 모든 인연과 조건에 따라 저절로 생겼다가 저절로 사라질 뿐이다. 이렇게 무상한 현실을 직시할 수 있기에, 달관의 자세도 가질 수 있다.

# 제행무상
# 시생멸법

---

'제행무상'이라는 단어가 얼마나 중요한지 알려주는 이야기가 하나 있다. 부처님의 전생 이야기를 모은 경전인 『자타카(Jataka)』에 나오는 설산동자(雪山童子) 이야기다.

설산동자는 석가모니 부처님께서 보살행을 닦던 여러 전생 가운데 한 생의 이름이다. 설산동자, 말 그대로 설산(雪山)에 사는 동자(童子)다. 그는 해탈의 도를 구하기 위해 모든 것을 버리고 설산에서 고행을 하고 있었다. 그런데 너무 열심히 정진을 하니까, 수미산 꼭대기에서 이를 지켜보던 제석천왕이 동자의 구도심을 한번 시험해 보고 싶었다. 어떻게 할까 고민하다 사람을 잡아먹는 나찰로 둔갑해서 설산동자에게 갔다. 그러고는 동자를 유인하는 게송을 들으라는 듯이 읊었다.

"제행무상(諸行無常)하니 시생멸법(是生滅法)이로다."

게송을 듣게 된 설산동자는 정진 중에 귀가 번쩍 뜨였다. '세상 모든 것은 늘 같은 것이 없으니, 이것이 바로 나고 사라지는 법이라고?' 그야말로 눈이 번쩍 뜨이면서 뭔가 깨달음이 확 다가온 것 같은 느낌이었다. 고행하던 설산동자는 기쁜 마음에 자리에서 벌떡 일어나 험악하게 생긴 나찰에게 다가갔다. 그 나찰이 게송을 읊었다는 사실을 알고는 물었다.

"이 게송은 삼세 모든 부처님께서 한결같이 가르치는 바른 길인데, 나찰이여, 당신은 어디서 이처럼 거룩한 게송을 들었습니까?"

나찰은 힘없는 목소리로 말했다.

"나는 그런 건 관심도 없고, 며칠 동안 먹지를 못해 배가 고플 뿐이다. 이 게송은 허기와 갈증에 지쳐 그냥 헛소리를 한 것이니, 나에게 먹을 것이나 좀 줘라."

해탈의 도에 목말랐던 동자는 나머지 게송을 알려주면 나찰의 제자가 되겠다며 뒤 문장을 부탁했다. 그러나 나찰은 "말할 기력도 없으니 말 시키지 마라." 하며 거절했다. 그럼 무엇을 원하는지 묻자, 나찰은 "인간의 살과 피를 원한다."고 말한다. 설산동자는 "그럼 좋습니다. 나에게 나머지 게송을 마저 들려주면 내가 이 몸의 살과 피를 당신의 먹이로 주겠습니다." 하고 약속했다.

보통은 무서운 나찰을 보고 도망가기도 하고, 움찔하고 두려워서 떨 텐데, 도리어 몸까지 바치겠다니 나찰이 생각해도 기가 막혔다.

"제행무상 시생멸법', 이렇게 여덟 자밖에 안 되는데, 나머지 글자를 위해서 네 목숨을 바치겠다는 말이냐?"

나찰은 비웃으면서 동자를 조롱했다.

그때 설산동자가 이런 비유를 들어 대답하였다.

"옹기그릇 대신에 칠보 그릇을 얻을 수만 있다면 기꺼이 누구라도 옹기그릇을 버릴 수 있듯, 저는 이 육신을 버려서라도 불도를 얻고자 합니다."

다시 말해 이 무상한 몸을 버리고 금강신(金剛身), 즉 깨어지지 않는 깨달음의 몸을 얻을 수만 있다면 자신은 아무런 후회도 미련도 없다는 이야기다. 이 말을 들은 나찰이 다음 게송을 알려주었다.

"생멸멸이(生滅滅已)하면 적멸위락(寂滅爲樂)이니라."

나고 죽는 것마저 사라지면 고요한 적멸의 즐거움을 얻게 되리라는 뜻이다. 설산동자는 이 게송을 듣고 한없이 기뻤다. 그런데 기뻐하던 설산동자는 문득 이런 생각이 들었다. '어떡하지? 이렇게 좋은 이야기를, 이렇게 중요한 이야기를, 이러한 진리를 내가 전하지 않고 죽어 버리면 세상 사람들이 알 수 없을 텐데.'

설산동자는 자신이 들은 게송을 바위와 돌에 새기고, 나무와 길에 써두었다. 그런 다음 나찰과의 약속을 지키기 위해 높은 나무 위로 올라가 몸을 던졌다. 그러나 동자의 몸이 땅에 채 닿기도 전에 누군가 그의 몸을 받아주었다. 놀라서 쳐다보니 나찰로 변했던 제석천왕이 빙그레 웃으며 바라보고 있었다. 설산동자를 안전하게 내려놓은 제석천왕은 수많은 천인들과 함께 설산동자의 발아래 엎드려서 공손히 예배하였다.

여기까지가 '제행무상'에 관한 이야기다. 우리가 살아가면서 느끼는 고통의 원인은 결국 무상과 무아의 이치를 받아들이지 못하고 집착과 탐(貪)·진(瞋)·치(癡)를 버리지 못했기 때문에 생겨나는 것이다.

　고통의 원인 가운데 무상에 대해서 꽤 상세히 이야기했다. 그러나 무상의 이치를 우리가 잘 파악했다고 해서 고통의 문제가 해결된 것은 아니다. 인생이 무상한 줄 알아도 마음이 통제되지 않아서 분노에 휩싸여 일상이 마비되기도 하고, 후회할 걸 알면서도 감정을 주체하지 못해서 부끄러운 행동을 하기도 하고, 부끄러운 판단을 하기도 하고, 해서는 안 될 표현을 서슴치 않고 하기도 한다.

　그러니 우리는 자꾸자꾸 반복해서 고통의 문제를, 세상의 실상을 파악하려고 무던히 노력해야 한다. 잊어버리면 또 배우고, 놓쳤다가도 다시 인지하고 확인하는 것이 무엇보다 중요하다. **잊어버리**

면 또 배우고, 잊어버리면 또 인식하고, 그렇게 올바른 불교적 관점을 견지할 수 있도록 매번 잊을 때마다 반복하여 학습하고 알아차리는 것이 바로 우리가 해야 할 '수행'이다.

# 부처님도 늙는다

『쌍윳따니까야』에 이런 이야기가 나온다.

어느 날, 연로하신 부처님께서 저녁 무렵에 명상을 마치고 양지쪽에 앉아 서쪽을 향해 등을 따뜻하게 하고 계셨다. 그 모습을 본 아난다 존자가 부처님께 다가가 손과 발을 문질러 드리며 말을 꺼냈다.

"부처님, 이상해요. 이제 부처님의 안색은 더 이상 맑지도 않고, 빛이 나지도 않으며, 사지는 주름지고 물렁해졌습니다. 등도 앞으로 굽어져 감각기관의 변화가 눈에 보입니다."

그 말을 들은 부처님께서 당연하다는 듯 이르셨다.

"그럼, 그렇지. 아난다야. 젊은 사람은 늙게 마련이고, 건강한 사람도 언젠가는 병들게 마련이며, 살아 있는 사람은 누구나 다 죽게 마련이란다. 안색은 더 이상 예전처럼 맑지 않고 빛나지 않는다. 나의 사지는 주름지고 물렁해졌고, 등은 굽고 감각기관의 변화도 눈에 보인단다."

오늘날 우리는 부처님을 32상 80종호를 갖춘 분으로 생각하지만, 생전의 부처님도 육신을 가진 인간인지라 늙고 병들어 입멸하셨다. 무상의 이치는 누구도 피해갈 수 없다.

"나는 이제 아주 연로하여 생의 마지막에 이르렀다.
오직 나 자신만을 의지하고 나는 그대들을 떠난다.

부지런히 마음챙김을 가지고 계행에 굳건히 주(住)하라.
차분히 가라앉은 생각으로 그대들의 마음을 지켜라.

가르침과 계행에 부지런히 머무는 사람은
윤회를 벗어나 괴로움을 끝낼 것이다."
- 『디가니까야』 16

# 4

무
아

---

내가 뭐라고

우리가 무아(無我)를 이해하지 못하는 건
어쩌면 이 몸뚱이 때문일지 모른다.
여기 내가 있는데 왜 없다고 하는지
모르겠다고 한다.
불교에서 말하는 '무아'는
우리가 믿고 싶은 존재로서의
영원불변한 자아란 없다는 이야기다.
지금 이 몸뚱이는 그저 오온이
조건에 따라서 결합된 형상일 뿐이다.

# 허깨비가
## 어리석은 나를 속인다

---

세상에는 수많은 생명이 존재하고, 그 생명체가 살아가는 삶의 과정을 살펴보면 대체로 생로병사의 흐름대로 살다가 사라진다. 또한 생의 곳곳에서 고통을 느끼며 살아간다. 물론 기쁨과 슬픔, 수많은 희로애락이 그 안에 담겨 있지만, 부처님께서는 그중에서도 현실적으로 느끼는 괴로움에 대하여 의문을 품고 의식을 집중했다.

'생명이 있는 모든 존재들은 왜 고통스러워하지? 이 고통은 대체 어디서 오는 것일까?'

부처님께서는 특히 인간으로 태어나 나이 들어 늙고 병들고 죽는 일에 대해 반복적인 통찰과 사색을 계속하며 수행을 이어갔다. 왜 고통에 집중했는가 하면, 인간은 누구나 기쁨과 행복을 추구하는데, 현실적으로 봤을 때는 고통과 아픔에서 벗어나야만 기쁨과 행복을 찾아갈 수 있기 때문이다. 그러니 지금 가장 시급한 문제는 각자 자신이 느끼는 '괴로움'의 해결이라고 본 것이다.

그럼 우리는 왜 괴로운 것일까? 삶이 무상하기 때문이다. 없을 무(無)에 항상 상(常) 자를 쓰는 무상(無常)! 앞에서 누누이 설명한 대로 '세상에는 항상한 것, 변함없는 것이란 없다.'는 게 바로 무상의 개념이다. 이 몸만 해도 그렇다. 『아함경』에 이르기를 "이 몸은 늘 상처 같고 독가시 같아 견고하지 않은데, 허깨비가 어리석은 사람을 속인다."고 했다. 그와 같이, 우리는 청춘에 속아 젊은 날엔 건강한 몸이 영원할 것처럼 믿는다. 세상에 영원히 변하지 않는 그 무엇은 없다. 다시 말해서, 불교에서 이 세상을 비유할 때 '고해(苦海)' 즉 '고통의 바다'라고 하는 건, 영원하지 않은 것에 집착해서 고통이 생겨나기 때문이다. '늘 변화한다'고 하는 무상한 이치를 현실 속에서 쉬이 받아들이지 못하기 때문에 그렇게 힘든 것이다.

세상 모든 것들은 변화의 이치로, 조건에 의한 결합의 원리로 흘러가고 있다. 그럼 이 변화하는 것, 무상한 것은 왜 그런가? 가만히 살펴보니 '나'라고 할 만한 것, '내 것'이라고 할 만한 것이 없더라는 것이다. 즉 모든 물질은 '무아(無我)'의 성질을 가지고 있기 때문이다.

자, 그럼 무아란 무엇인가? '무아'는 없을 무(無) 자에 나 아(我) 자를 쓴다. 쉽게 말해 '내가 없다.'는 것이다. '무슨 소리지? 내가 여기 있는데, 왜 없다고 하지?'라고 생각하기 쉽다. 그런데 놀랍게도 불교에서는 '내가 없다.'고 말한다. 이제부터 이해하기 어려운 '무아'라는 개념이 어떻게 발생했는지, 왜 내가 없다고 말하는지, 그 의미는 무엇인지 살펴보겠다.

# '아트만'이
# 뭔지부터!

---

부처님 당시에는 바라문교가 성행하고 있었다. 이 바라문교에는 '아트만(ātman)'이라고 하는 사상이 있었다. 아트만 사상은 불교의 '무아 사상'을 이해하는 데 있어 반드시 알아야 할 중요한 개념이다.

'아트만'이란 세상 모든 것들을 브라흐만(Brahman), 그러니까 한자로 쓰면 범천(梵天)이라고 하는 절대적 창조자가 그의 의지를 투영한 존재들을 만들었을 때, 창조물 안에 넣어놓은 신성 같은 것이다.

쉽게 말해 우리 눈에 보이는 모든 존재는 브라흐만의 의지로 창조된 것들이고, 그 안에 창조신이 자신과 같은 신성의 일부분을 나누어 주었다는 것이다. 그렇게 따지고 보면, 저 나무나 바위에도 절대자의 의지가 들어 있고, 저 산이나 바다에도 그 의지가 들어 있으며, 동물이나 사람에게도 신의 성품이 들어 있다는 이야기가 된다.

말하자면 절대자가 모든 존재와 물질에게 부여한 신성 같은 것, 그 것이 바로 '아트만'이다.

그렇기 때문에 아트만은 영원히 죽지 않으며, 윤회의 근본 주체가 되고, 인간 내면의 중심이 되며, 감각이나 인식 작용을 통해 알아낼 수 없는 초월적인 능력이다. 아트만은 생명체에 있어 보고 듣고 느끼고 이해하는 모든 인식의 중심적인 역할을 하기 때문에, 보통의 우리가 가진 신체적 기능으로는 아트만을 인식할 수 없다는 것이다.

그러면 동물에게 있는 것과 사람에게 있는 아트만이 같을까? 아니다, 다르다. 그들(바라문교)의 주장에 의하면, 동물에게는 조금 안 좋은 아트만이 들어 있고, 사람에게는 동물보다는 좀 더 깨끗하고 맑은 아트만이 들어 있다고 한다. 그래서 바라문교도 중에는 지금도 채식을 하는 이들이 많다고 들었다. 자신들은 맑은 아트만을 가지고 있어서 맑은 음식만 먹겠다는 것이다. 고기는 불결하고 야채는 깨끗하다는 생각이 만든 그들의 채식주의는 생명을 아끼는 마음에서 비롯되지 않았다. 그 사실을 처음 들었을 때, 저는 아트만 사상보다도 그들의 사고방식이 오히려 더 충격이었다. 아무튼 깨끗하고 덜 깨끗한 정도, 잘나고 못난 정도의 차이일 뿐이지, 이 세상에 존재하는 모든 것들에는 신이 자신의 의지로 부여한 영원불변한 존재성이 있다고 하는 것이 '아트만' 사상이다.

그런데 석가모니 부처님께서는 그때 당시의 지배적인 사상이었던 바라문교의 아트만 사상을 완전히 부정해 버린다. 인간은 변화하는 존재다. 동물도, 식물도, 자연의 생명체도 다 무상한 존재다. 이렇게 무상한 세상에 어떻게 '아트만'이라고 하는 절대적인 불변의 자아라는 것이 있을 수 있겠는가 말이다. 부처님은 '그건 아니다. 창조신의 의지로 만들어진 그 어떠한 영원한 것도 없다.'고 생각하고, 헛된 고정관념과 잘못된 생각을 바로잡았다. 그 가르침이 '모든 법에는 나라고 할 만한 것이 없다.'는 의미를 담은 '제법무아(諸法無我)'의 '무아설(無我說)'이다.

보통 종교라고 하면 대부분 창조주의 이야기를 한다. 창조주의 뜻이 담긴 일, 창조주의 뜻이 담긴 세상, 창조주가 만들어낸 인간 등등. 사람들은 이런 이야기를 많이 하고, 믿고 따른다. 그런데 당시 부처님은 이를 단호히 거부했다. 생각의 틀을 깬 것이다.

'왜 창조주가 있어야 하지? 왜 절대자가 있어야 하지? 절대자가 없어도 이 세상은 충분히 존재하고 유지해 갈 수 있는데, 왜 절대신이 있다고 믿어야 하지?'

창조주가 없다고 생각하고, 창조주 개념을 딱 배제한 채 더 깊은 수행에 몰두했던 것이다. 내가 알던 사람 중에 예전에 타 종교에서 수도자가 되기 위해 준비 중이던 청년이 있었다. 그런데 그 청년 말이 수도 생활이건 봉사의 삶이건 다른 건 다 잘할 수 있는데, 21세기를 살아가는 사람으로서 창조주에 대한 믿음만큼은 잘 생기지 않는다고 했다. 결국 그는 수도자의 길을 포기하게 되었다. 그들 입장에서 보면 믿음이 약한 것이요, 내가 볼 때는 그냥 그 길이 인연이 아닌 것이다. 어쩌면 그가 진화생물학의 이론을 더 믿었던 것인지도 모르겠다.

부처님은 절대 신의 개념보다는 현실에서 인간이 느끼는 고통이 어디에서 온 것인가에 대해 더 깊이 사색했다. 그리고 어떤 경우에도 '내 것이라고 할 만한 것이 없다.'는 걸 확인했다. 인간 내면에 들어앉아 모든 것을 통제하고 조절하는 기능을 수행하는 절대적인 아트만은 존재하지 않는다고 단언했다.

살아간다는 것 자체가 인연에 의해 생겼다가 인연에 의해 사라지는 것이다. 그러니 누가 만들어준 것도 아니고, 독자적으로 만들어진 것도 아니다. **그 어떤 것도 인연에 의지하지 않은 채 우리 삶에 들어와 존재할 수 없다.** 제아무리 '이게 나야.'라고 선 긋기를 해봤자, 부처님 손바닥이다. 인연의 틀을 벗어날 수가 없다.

이러한 내용을 부처님은 교설(教說)로 펴신 것이다. 이 세상의 모든 존재는 끊임없이 변화하고, 변화하는 존재 요소들로 이루어졌을 뿐이라는 사실을 말이다. 다만 그것을 우리가 제대로 받아들이지 못하기 때문에 괴로운 것이다.

# 어머니가
# 첫사랑을 이뤘다면

세상의 모든 존재들은 끊임없이 변해 간다. 그러나 변화의 과정을 가만히 들여다 보니, 그 안에 정체성을 유지시켜 줄 만한 뭔가가 있을 법하다. 흔히 말하는 '영혼'이란 게 있어서 죽어도 계속되며, 그것이 윤회를 반복하게 만들기도 하고, 자신만이 가진 특성도 변하지 않고 언제나 내 안에 남아 있을 것만 같은 생각이 든다.

그러나 부처님 가르침에 의하면 그런 것은 없다. 특히나 영원한 것은 없다. 영원한 게 있으면 우선 변하지 않는 것이 있다는 이야기가 된다. 그렇게 된다면 무상한 세상에 대한 불교의 사실판단은 틀린 것이 되고 만다. 그러므로 부처님은 영원한 존재는 없다고 단언하신 것이다.

예를 들어 '나'라고 하는 존재는 어디서 왔을까? 위산 영우(潙山靈

祐, 771~853) 선사가 젊은 향엄(香嚴, ?~898) 스님에게 준 화두의 내용과도 일치하는 질문이다.

"너의 부모가 너를 낳기 전에 너의 본래 면목이 무엇이냐?"

즉 '부모미생전(父母未生前) 본래면목(本來面目)'이라는 화두와 상통하는 물음이다. 저는 중학교 때 처음 이 화두를 받았다. 그래서 그런지 이 문제는 제가 출가자로 살면서 불교 공부하는 데 많은 도움이 되었다. 당시 화두를 주신 스님께서는 어린 제게 "이 화두를 가지고 법당에 들어가 답을 알 때까지 나오지 마라."라고 하셨다. 근기가 하열(下劣)한지라 3일 만에 포기하고 나왔다. 알 듯 말 듯 모르겠어서 얼마나 분했는지 모른다. 속이 상해서 눈물이 났을 정도다. 아무튼 그 화두를 통해 터득한 답을 여러분께 조금씩 풀어보겠다.

일단 '나'라고 하는 존재는 아버지 반쪽과 어머니 반쪽에서 왔다. 웃음이 날 만큼 쉽다. 그러나 맞는 말이고 사실이다. 각각의 반쪽에서 '나'라고 하는 존재가 태어난 것이다. 태어나 보니 저런 아버지였고 저런 어머니였다. 맘에 들든 말든 관계없이 나의 집은 이러했고, 내가 다닌 학교는 저러했다. 성장 과정에서 저런 친구를 만났고 공부를 열심히 안 했고 인생이 꼬였다. 수많은 주변 환경의 변화 속에서 성장하였으며 지금 여기 '나'라고 하는 형상의 존재가 만들어졌다.

여기서 잠깐 조건을 한번 바꿔보자. 어머니에게 아버지와 결혼하기 전에 좋아하던 첫사랑 남자가 있었다고 치자. 현재의 내 생물학적 아버지가 아닌 첫사랑 남자와 어머니가 결혼했다면 지금의 내가 존재할까? 당연히 지금의 나와 똑같은 존재는 있을 수 없다. 조건이 바뀌면 결과도 바뀐다. 반대로 아버지가 어머니를 만나기 전에 옆집 누나를 좋아해서 옆집 누나랑 결혼을 했다면, 그래서 누군가를 낳았다면 그 존재가 지금의 자신일까? 절대 아니다. 그럴 리가 없다. 또 다른 존재가 생겼을 것이다. 조건이 달라지면 상황도 달라지고, 그러면 지금과 똑같은 형태의 나라고 하는 존재는 생길 수조차 없다.

태어났더니 아버지가 농부였고, 어머니는 바느질을 하셨고, 그런 상황 속에서 성장했다고 치자. 누구의 자식으로 태어났는가에 따라 자녀의 인생이 달라진다. 어디 그뿐인가. 학교에 가서 어떤 친구를 만나느냐, 자신이 어떤 마음을 먹느냐에 따라 인생이 달라진다. 공부를 열심히 할 것인가, 더 놀 것인가에 따라 달라지고, 어떤 사건과 환경을 접하느냐에 따라 인생은 완전히 달라진다. 조건이 바뀌면 결과도 바뀐다.

'무아'라고 하는 것은 결국 '조건이 만들어낸 관계'를 말한다. 지금 현재 상태로 존재하기까지 수많은 관계들의 변화가 있었다. 그 시간적 변화를 '무상'이라고 한다. 무상한 그 변화를 가만 들여다보니, 모든 것이 조건 형성의 관계로 엮어져 있었다. 모두가 조건의 결합인 것이지, 따로 하나만 떼어내서 고유한 특성을 가진 독립된 개체라고 말할 수는 없다. 쉽게 말해, **일상생활에서 말하는 행위 주체가 없다는 것이 아니라, 조건에 의해 형성된 어떠한 현상도 홀로 독립되어 존재하지 않는다는 말이다.** 그 변화와 관계성을 설명하는 불교적 특성을 '무상'과 '무아'에서 발견할 수 있다.

# 모든 생명은
# 오온의 결합일 뿐

---

인생은 괴롭다. 괴로움의 원인은 무상한 것에 대하여 집착하는 마음에 있다. 반대로 '무상한 것은 다 괴로움을 만들어낸다.'는 결과를 도출할 수 있다. 무상한 것들이기에 생성조건을 계속해서 변화시키게 되고, 그러한 변화로 인해 독립된 실체란 존재할 수 없게 된다.

초기불교에서는 인간에게 독립된 자아란 없다고 보았다. 신성이라고 할 만한 아트만이라는 것도 없다고 설파했다. 왜 꼭 누군가가 세상과 인간을 창조해야 하는가? 절대적 존재가 창조하지 않고도 이 세상은 분명 존재 가능한데 말이다.

그러한 불교의 주장은 시간이 흐를수록 점차 과학적으로 증명되었다. 예를 들어 한여름에 물을 그릇에 담아서 계속 놔두었다고 하자. 무더운 여름날, 높은 기온과 습도, 그릇의 종류와 크기, 깊이 등

등의 조건으로 인해 그 안에서 여러 가지 변화가 발생한다. 오래되면 고인 물은 자연히 썩게 되고, 이끼가 끼고, 그러면 그 안에서 벌레가 생기고, 모기도 생기고, 그것들이 자라 또 다른 것을 만들어낸다.

이 모든 것이 조건에 따라 자연스럽게 일어난다. 그렇기 때문에 불교는 고대인도의 바라문교에서 이야기하는 아트만을 딱 배제하고 주장한다. 세상을 바라보는 관점을 고(苦), 무상(無常), 무아(無我), 그리고 연기(緣起)적 관점에서 파악한 것이다. 부처님은 모든 존재는 변화하는 존재 요소들로 이루어졌을 뿐이라고 생각했다. 그럼 인간은 어떤 존재인가? 어떤 존재 요소로 이루어진 것인가?

부처님 말씀대로라면 인간은 그저 '색(色)·수(受)·상(想)·행(行)·식(識)'이라고 하는 끊임없이 변화하는 다섯 가지 존재 요소, 즉 오온(五蘊)으로 현재 상태가 이루어졌다. 신체를 포함한 형상이나 물질과 정신적 기능을 합해 총체적으로 표현한 불교 용어가 '오온'이다. 뿐만 아니라 세상의 모든 것들이 알고 보면 색·수·상·행·식의 쌓임, 즉 '온(蘊, skandha)'으로 이루어졌다. '온'이라는 단어에는 집합, 모음, 쌓음의 의미가 담겨 있다. 다섯 가지가 모였다고 해서 '오중(五衆)'이라고도 하고, 이 다섯 가지가 참다운 모습을 가린다고 해서 '오음(五陰)'이라고도 한다.

좀 더 전문적인 표현으로는 물질(형상)을 나타내는 색온(色蘊), 감각기능(느낌)을 나타내는 수온(受蘊), 표상작용(생각)을 하는 상온(想蘊), 정신작용(의지)을 하는 행온(行蘊), 그리고 의식작용(마음)을 뜻하는 식온(識蘊)을 말한다. 이 다섯 가지를 해체해 보면 '무아'라는 것이 증명된다. 당연히 여기에는 영원불변한 자아는 깃들지 않았다. 신이 부여한 신성도 없다. 모든 생명체는 다만 오온의 결합일 뿐이다. 다시 말해 오온은 물질을 이루는 기본요소들의 집합체라는 말이다.

오온에 대해 조금 더 풀어서 알아보자.

## ① 색온

먼저 색온은 눈에 비치는 모습, 물질적인 것, 형상을 말한다. 사람으로 말하자면 바로 몸이다. 어머니 뱃속에서 만들어진 몸뚱이 말이다. 우리가 무아를 이해하지 못하는 이유는 어쩌면 이 몸뚱이가 있어서일 것이다. 여기 내가 있는데 왜 없다고 하는지 모르겠다고 하는 분들이 많다. 불교에서 말하는 '무아'의 원리는 우리가 믿고 싶은 존재로서의 영원불변한 자아라는 것은 없다는 이야기다. 지금 이 몸뚱이는 그저 오온이 조건에 따라서 결합된 형상일 뿐이라는 것이다.

'무아'라고 해서 정체성에 관한 자아의 기능을 부정하는 것이 아니다. 의식 기능으로서의 자아를 부정하는 게 아님을 명확히 알기 바란다. 자신의 의식 기능 가운데 정체성은 우리가 일상생활을 하는

데 있어서 나를 보호하고 다른 사람들과 건강한 인간관계를 맺는 데 매우 중요한 역할을 한다.

부처님의 무아 사상은 인간의식이 상정하는 내면의 절대적 실체로서 아트만을 부정하는 것이지, 의식작용을 부정하는 것이 아니다. 인간의 의식작용이 끊임없이 어떤 관념을 만들어내고, 그것에 집착하려는 우리의 습성을 꿰뚫어서 비판한 것이 무아 사상이다. 그러니까 '무아'라는 개념은 '무상'의 개념과 함께 인간의 존재 원리를 설명하는 불교적 관점이라고 이해하면 된다. 변화를 이야기하는 '무상'과 관계성을 이야기하는 '무아'의 이치는 둘 다 객관적 사실만을 통찰해서 일깨워주었을 뿐이다.

## ② 수온

수온은 느낌, 받아들이는 것이다. 무엇을 통해 받아들이는가? 안(眼)·이(耳)·비(鼻)·설(舌)·신(身)·의(意), 즉 눈으로 귀로, 코로, 혀로, 몸으로, 뜻으로 와닿는 느낌을 말한다. 와닿고 부딪쳐서 생성되는 느낌이 바로 '수'이다. 우연히 저를 만났다고 해보자. 눈을 통해 비추어진 형상을 바라보면서 얻어지는 느낌이 있을 것이다. '아, 저 스님 보기보다 어려 보인다.'든지, '화면보다 실물이 낫다.'라든지, '별로네.'라든지 하는 등의 느낌이 있을 것이다.

그런데 대화를 해보니 귀로 들리는 목소리가 좋다고 느낄 수도 있을 것이다. 물질[色]은 눈에 보이는 것만을 말하는 것이 아니다. 귀에 들리는 것도 색이요, 자신이 보고 싶어 만들어낸 머릿속 영상도 다 색이다. 이런 식으로 눈, 귀, 코, 혀, 몸, 의식을 통해 들어오는 색의 느낌을 가지고 우리는 상대를 파악한다.

저를 만나기 전, 저에 대한 선입견이 있었다면 어떨까. 방송을 통해 본 저는 똑똑하고 얌전한데, 실제 만나 대화를 해보니 성격이 발랄하다고 생각할 수도 있고, 좋거나 싫은 느낌이 들기도 할 것이다. 이것이 의식의 느낌이다. 이와 같이 여섯 가지 몸의 기관들을 통해 받아들여지는 느낌을 '수온'이라고 한다.

### ③ 상온

상온이란 생각하고 상상하는 것이다. 방송으로 저를 본 분들이 '저 스님은 실제로 어떤 모습일까? 진짜 저렇게 똑똑할까?'라고 상상하는 것이 '상(想)'이다. 또 길을 가다가 우연히 저를 만나 인사를 나누었는데, 제 생각이 떠오르면서 저에 대한 느낌이 개념화되었다면 이것이 바로 '상온'이다. 색(色)에 의해서 느낌인 수(受)가 나타나고, 수에 의해서 생각인 상(想)이 만들어지는 것이다. 상온은 개념을 일으키는 작용을 한다. 누군가의 모습을 보거나, 어떤 물질적 대상을 보았을 때 나타나는 영상을 머릿속에 떠올리고, 그러면서 집착하게 되는 정신작용이라고 할 수 있다.

### ④ 행온

그렇게 집착의 마음이 생겼다면, 내가 만난 상대를 다시 보고 싶은 마음이 들 것이다. 그래서 내가 좋아하는 누군가를 만나고 싶어 찾아가거나, 갖고 싶은 물건을 사거나 하는 모든 의도적 행위가 발생한다. 이것을 '행온'이라고 한다. 내 마음이 만들어낸 조작된 의도, 그 의도를 담은 행동, 여기에서 업(業)이 만들어진다.

### ⑤ 식온

마지막으로 '식온'은 자신의 마음을 실행에 옮긴 다음 만들어지는 의식이다. 업이 저장된다고 할 수 있겠다. 형상이 있어 느낌이 만들어지고, 느낌으로 인해 상상이 일어나며, 상상으로 인해 의도가 생기고, 의도된 행위로 인해 관념이 생긴다. 뿐만 아니라 앞의 색(色)·수(受)·상(想)·행(行)을 모아서 어떤 판단을 내리고 견해를 만들어내는 것이 '식(識)'이다.

　이것들은 순차적으로 이루어지는 듯 보이지만, 모든 대상에 대해 인연의 조합이 만들어지기 때문에, 거의 동시다발적으로 일어난다. 이 과정 어디에서도 영원불변한 것은 발견할 수 없다. 모든 것은 자기 욕구에 의해 새로 형성된 것들이다. 좋은 느낌은 오래 취하고 싶고, 자기 소유로 만들고 싶어 한다. 즉, 자기 욕구에 부합하면 행복하고 좋은 감정이 생기고, 자기 맘에 안 들면 싫거나 괴로운 느낌이 일어난다. 여기에 집착하기 때문에 중생으로 머물게 되는 것이다.

생각해 보면 괴롭고 슬픈 느낌이나 기쁘고 행복한 느낌은 애초에 없었다. 자신이 접한 그 어떤 대상에도 그런 감정은 존재하지 않았다. 모든 감정은 자신이 만들어낸 것이다. 자신의 욕망과 욕구에서 좋고 싫은 분별이 일어났음을 명확히 인식하며 살아가면 좋겠다. 이렇게 장황하게 오온에 대해 설명한 이유가 그것이다.

아무튼 '나'를 이루는 존재 요소를 불교에서는 오온으로 본다. 이를테면 불교의 인간관이라고도 할 수 있겠다. 앞에서 설명한 바와 같이, 오온은 대상이 무엇이냐에 따라 결합하는 조건이 달라진다. 보통 사람의 입장에서는 우리에게 영원한 뭔가가 있다고 생각하기도 한다. 인간으로 살기 때문이다. 그래서 인간은 죽어도 인간의 모습이라 생각하고, 천상에 태어나도 인간의 모습일 것이라 생각한다.

하지만 불교의 입장에서는 그렇지 않다. 인간은 그저 인연에 의해, 자신의 업에 의해 생성된 산물일 뿐이라고 한다. 따라서 고정된 실체가 있는 것이 아니라, 매 순간 변화하는 현상으로서의 '나'만이 존재할 뿐이다.

# 사과와
# 사과 씨앗의 관계

앞서 오온을 통해 우리의 몸과 마음이 연기적으로, 곧 무아의 원리로 형성된 것임을 알아보았다. 불교적 관점에서 보면 어떻게 분석을 해도 타당하고 합리적으로 무아를 설명할 수 있다. 그렇다면 다른 것들은 어떨까?

세상 만물 또한 인연에 의해 잠깐 나타났다 사라진다. 저 물도 바람이 불면 파도가 일고, 잠시 후면 잠잠해지는 것과 마찬가지다. 그러한 모습들이 우리 눈앞에 현상적으로 펼쳐질 뿐이다.

여기 물이 있다. 원소 기호로 표현하면 $H_2O$다. $H_2O$는 물을 만들기 위한 조건의 배열이다. 수소(H)와 산소(O)가 결합하면 물이 만들어진다. 그렇게 합성에 의해 물이 만들어졌다면 그 물은 변함이 없을까? 또 그것을 단순히 분리할 수 없는 하나의 물로 파악할 수 있을까? 아닐 것이다.

생각해 보자. 수소 속에 물이 있을까, 아니면 산소 속에 물이 있을까? 자신의 존재가 아버지 반쪽, 어머니 반쪽에게서 왔다고 말씀드린 것처럼, 물도 마찬가지다. 수소 속에도 산소 속에도 물의 요소는 있지만, 합해지지 않았을 때는 그저 산소이고 수소일 뿐이다. 아버지와 어머니가 만나지 않았다면, 나를 낳지 않았다면, '나'라는 존재가 생기지 않는 것과 같다.

그럼 조건에 의해 물이 만들어졌는데, 이 물의 환경조건을 변화시키면 어떻게 될까? 물은 처음 상태 그대로 유지될까, 아니면 다른 변화가 생길까?

우리는 물의 변화를 너무나 잘 안다. 물을 냉각시키면 얼음이 되고, 뜨겁게 만들면 수증기가 되어 증발할 것임을 익히 잘 알고 있다. 물이라는 것도 조건의 결합에 의해 만들어졌고, 만들어진 이후에도 환경조건을 어떻게 형성하느냐에 따라 다른 형태의 결과물이 만들어진다는 것을 말이다. 모든 생명 있는 존재를 오온으로 해체해서 파악할 수 있듯, 모든 사물도 또한 분리해서 파악할 수 있다.

자, 이번에는 바닷가로 한번 가보자. 바다에는 파도가 인다. 맑은 하늘, 푸른 바다, 하얗게 부서지는 파도가 낭만적이고 멋지다. 하얗게 이는 파도는 금방 밀려왔다가 금방 사라진다. 밀물과 썰물에 의해서 일어났다가 사라지는 원리인데, 사실 그런 원리와는 상관없이 너무 예쁜 순간을 남기고 싶어서 사진을 찍는다. '찰칵!' 그런데 그때 뿐이다. 그다음에 일어난 파도는 더 아름다울 수도 있다. 더 멋지고 아름다운 사진을 남기고 싶어서 '찰칵찰칵' 여러 컷 찍는다. 매 순간 밀려오는 파도의 모양이 달라지기에 그렇다.

사람이 태어나는 것을 보면, 오온의 결합에 의해 형성되면서 그 속에 자신이 쌓아온 업력이 배합된다. 그 결과, 부자 부모를 만나기도 하고, 가난한 집에 태어나기도 하며, 잘생기게 태어나기도 하고 총명 하기도 하며, 키가 크기도 하고 작기도 하고, 능력이 있기도 하고 없 기도 한다. 그와 마찬가지로 저 바다도 날씨의 영향을 받는다. 바람이 얼마나 불어오는가에 따라, 조수간만의 차이에 따라 파도의 크기가 달라진다. 매 순간 밀려오는 파도의 모양이 달라지는 이유이다.

체코의 프라하 광장에 걸린 멋진 시계도 배터리가 다 되면 멈추 게 되어 있다. 조건이 바뀌면 시계가 멈추듯이, 모든 것은 조건이 달라 지면 그 역할도 다 하게 되는 것이다. 우리 인생에서 가장 크게 마음 에 영향을 끼치는 사랑하고 미워하는 감정도 그렇다. 인연에 의해서 만들어졌다가 인연이 다하면 흩어져서 실체가 없다. 결국 자신의 마 음에 따라 순간순간 만들어지는 것처럼, 인위적으로 제작된 물건이 나 저 대자연도 그렇게 조건에 의해 크고 작은 변화들이 일어난다는 것이다.

이번에는 사과를 예로 들어 설명해 보겠다.

사과 속에는 씨앗이 있다. 사과의 씨앗과 사과를 나란히 놓고 보자. 이 씨앗과 사과는 동일한 것일까, 아니면 다른 것일까? 사과는 이 씨앗에서부터 나왔다. 씨앗이 없었으면 사과가 나올 리가 없다. 또 반대로 사과는 씨앗을 속에 품고 있다. 사과에서 씨앗이 생기고, 또 씨앗에서 사과가 생긴다. 그럼 씨앗과 사과는 같은 것일까, 다른 것일까? 물론 언뜻 보기엔 같은 것처럼 느낄 수도 있겠지만, 과일의 종(種)이 같을 뿐 명확하게는 다른 개체다.

한편, 사과의 씨앗을 인간에 비유한다면 유전자(DNA) 정도로 이해할 수 있겠다. 인간은 부모님에게서 유전자를 받아 후손에게 남긴다. 『이기적 유전자』라는 책을 쓴 리처드 도킨스(Richard Dawkins)에 의하면, 인간은 부모에게서 DNA를 물려받는 것 같지만 사실은 똑같은 것이 오는 것이 아니라, 그것을 수도 없이 복제해서 옮긴다고 한다. 그리고 복제하는 과정에서 다른 수많은 요소들이 결합한다. 그러니까 복제로 인해 비슷한 모습을 갖추었어도 사실은 전혀 다른 누군가가 태어나게 되는 것이다. 부모를 닮은 아이가 태어난다 해도 전혀 다른 존재가 생겨나는 것이다. 모든 사과는 사과의 씨앗에서 왔지만, 동일한 사과는 하나도 없는 것과 같다.

이 세상 모든 것들은 필요나 욕구에 의한 부산물일 뿐이다. 일체 중생이 모두 이러한 원리로 살아간다. 그것을 왜곡시키지 않고 있는 그대로 들여다볼 때, 세상의 고통도, 무상한 변화도, 무아의 이치도 알아차릴 수 있는 것이다.

# 열반

열반(涅槃)은 산스크리트어 '니르와나(nirvāṇa)'의 음역이다. 니르와나는 nir(없어진)+vā(불다, to blow)의 과거분사로 '불어서 없어진', '불어서 꺼진 상태'를 뜻한다. 예를 들면, 바람이 불어서 촛불이 꺼진 상태를 생각하면 된다.

그러면 무엇을 불어서 끈 것인가? 부처님은 '갈애가 소멸한 것'이라고 말씀하셨다. 즉 갈애가 만들어낸 '번뇌의 소멸'을 말한다. 또 '탐욕의 소멸, 성냄의 소멸, 어리석음의 소멸이 바로 열반'이라고 정의하기도 한다.

열반에는 '유여열반(有餘涅槃)'과 '무여열반(無餘涅槃)'이 있다. 유여열반은 남은 것이 있는 열반을 의미한다. 부처님은 6년 수행 후에 깨달음을 얻으셨는데, 그때 이룬 열반을 보통 유여열반이라고 한다. 아직 남아 의지할 만한 육신이 있기 때문이다. 그래서 이를 '유여의열반(有餘依涅槃)'이라고도 부른다. 유여열반을 얻은 부처님이 과연 무엇을 깨달았는지 찾아보니, 율장(律藏)에서는 이렇게 표현하고 있다.

"존재하는 모든 것들은 모두 서로 인연이 되어 생기는 것이지, 저절로 생기는 것이 아니다. 인연에 의해 사라지는 것이지, 저절로 사라지지 않는다는 것을 깨달았다. 이와 같이 존재의 모습이 확연히 드러났다. 어느 것이든 영원하고 고정된 실체가 없는 무아이기에 무상하게 인연에 의해 존재하다가 사라지는 것을 관찰하였다. 모든 것은 인연에 의해 생겨나 잠깐 존재하다가 인연이 다하면 사라지는 연기의 실상을 깨달았다."

이와 같이 연기의 실상을 깨달은 부처님은 자비심에 가득찬 눈으로 중생의 행복과 평화를 위하여 세상을 바라보았다. 다시 말해 부처님은 유여열반의 상태에 이른 후, 무려 45년간 육신의 몸을 이끌고 때론 병고도 겪으며 수만 킬로미터를 이동하면서 중생을 제도하시다가 쿠시나가라(Ⓢ Kusinagara, 구시나가라拘尸那伽羅)의 사라쌍수(娑羅雙樹) 아래에서 열반에 드셨다. 이때의 열반을 더 이상 의지할 것이 없는 완전한 '무여열반' 또는 '무여의열반(無餘依涅槃)'이라고도 한다. 무여열반에 들면 다시 태어나지도, 육도를 윤회하지도 않으며, 그대로 적멸(寂滅)에 든다고 한다.

사
성
제

2

**1**

인생은 고(苦), 그래도 고(GO)

육신으로 인해 고통이 따르고,
마음이 있어 괴로움을 만든다.
그러니까 이 상태를 명확하게 아는 것,
고통의 상태를 제대로 알아야
고통에서 벗어날 수 있다고 하는 것이
바로 '고성제(苦聖諦)'의 가르침이다.
현재 나의 상태를 스스로 파악하는 것이
그 문제 해결의 시작이다.

# 네 가지 성스러운 진리
# 사성제

지금부터는 '사성제(四聖諦)'에 대해 설명하고자 한다. '사성제'는 많이 들어보셨을 것이다. 사성제는 네 가지 성스러운 진리라는 뜻으로, 고(苦)·집(集)·멸(滅)·도(道)의 네 가지를 말한다.

특히 '사성제'의 '제(諦, satya)'는 '진리'라는 뜻이다. 중생들에게 괴로움을 소멸시키는 방법을 알려주고, 그것을 소멸시켜 열반에 이르게 하는 길을 안내하는 것이니, '진리'라는 단어가 붙어 마땅하다. 당연히 삼법인과 마찬가지로 불교 교리의 핵심을 이루는 것이 사성제다.

불교 교리를 말할 때 보통 삼법인, 사성제, 중도, 팔정도, 연기 등등을 말한다. 불교를 공부하다 보니 알게 된 재밌는 것은 사성제 안에 삼법인도 들어 있고, 연기도 들어 있고, 팔정도도 들어 있고, 또 중도도 들어 있다는 것이다. '모든 동물의 발자국이 코끼리 발자국 안에 다 들어오듯', 모든 가르침이 사성제에 다 포함된다고 해도 과언이 아니다. 따라서 사성제를 잘 아는 것만으로도 우리는 불교의 거의 모든 것을 다 이해하고 있다고 말할 수 있다.

부처님께서는 비구들에게 "예나 지금이나 내가 가르치는 것은 괴로움과 괴로움의 소멸에 이르는 길일 뿐."이라고 말씀하셨다. 깨달음을 얻으신 이후, 먼 길을 걸어 녹야원으로 가셨다. 그곳에서 설한 최초의 설법 가운데 사성제가 있다.

'이것은 괴로움이다.
이것은 괴로움의 원인이다.
이것은 괴로움의 소멸이다.
이것은 괴로움의 소멸로 이끄는 길이다.'
나는 왜 이런 말을 하는가?

이것은 유익하며 거룩한 삶의 근본에 적합하여,
경계에서 멀어지도록 이끌며, 욕망의 집착을 놓음으로 이끌며,
바르지 않은 것을 버리도록 이끌며,
평화, 지혜, 깨달음, 그리고 열반으로 이끌기 때문이다.
- 『쌍윳따니까야』 56

# 괴로움의
# 성스러운 진리

첫 번째는 고성제(苦聖諦)다. 원래 의미로는 맞닥뜨리기 힘든 것, 마주하기 어려운 일들을 통해 얻어지는 고통을 말한다. 작은 불안이나 불만족에서부터 고되고 힘겨운 일, 참을 수 없는 고통까지 포함하여 고통을 안겨주는 요소 모두를 고성제의 범주로 본다.

부처님은 괴로움의 진리인 고제(苦諦)에 대해 여덟 가지 고통을 다음과 같이 예로 들어 설하셨다.

"비구들이여, 괴로움의 성스러운 진리는 이와 같다. 태어나고 늙고 병들고 죽는 것은 괴로움이다. 싫은 것과 싫은 사람과 만나는 것도 괴로움이고, 좋아하는 사람과 헤어지는 것도 괴로움이며, 원하는 것을 얻지 못하는 것도 괴로움이다. 집착의 대상이 되는 모든 오온이 다 괴로움이다."

생(生)·로(老)·병(病)·사(死)의 네 가지 괴로움[四苦]과 원증회고(怨憎會苦), 애별리고(愛別離苦), 구부득고(求不得苦), 오온성고(五蘊盛苦)의 네 가지를 더한 여덟 가지 괴로움[八苦]이 우리가 사바세계에서 만나는 고통이라는 말씀이다. 이에 대해서는 앞에서 삼법인에 대해 공부할 때 '고(苦)' 부분에서 자세히 말씀드렸기 때문에 여기서는 간략히 설명하겠다.

1. 태어남의 고통 : 생명이 시작되면서 겪게 되는 괴로움
2. 늙음의 고통 : 세월이 흐름에 따라 몸이 변하고 무상함을 느끼며 알게 되는 괴로움
3. 병고의 고통 : 병이 들어 통증을 느끼는 괴로움
4. 죽음의 고통 : 죽음에 대한 두려움이 주는 괴로움
5. 원증회고 : 싫어하는 사람과 함께해야 하는 괴로움
6. 애별리고 : 사랑하는 사람과 헤어지게 되는 괴로움
7. 구부득고 : 아무리 갖고 싶어도 원하는 만큼 얻지 못하는 데서 오는 괴로움

8. 오온성고 : 색(色)·수(受)·상(想)·행(行)·식(識) 오온에 집착함
   으로써 생기는 괴로움

삶이 괴로운 것은 어린아이도 아는 이야기인데, 어째서 그것을 '고
성제', 즉 '고에 관한 성스러운 진리'라고 하는 것일까? 그것은 이 세
상이 고통 바다임을 '아는 것'이 중요하기 때문이다. 자신의 현재 고
통을 인지하지 못하면 원인을 파악하려는 생각을 일으킬 리도 없고,
원인을 알지 못하면 결과적으로 고통에서 벗어나려는 노력도 하지
않을 것이기 때문이다.

쉽게 생각해 보면 이런 것이다. 어느 날 아침에 일어났더니 머리
가 아프고 자꾸 기침이 났다. 좀 있으면 괜찮겠지 했더니 기침이 멎
지를 않는다. 감기인가 보다 생각하고 며칠 지나면 괜찮겠지 싶었
다. 그래서 집에 있는 감기약을 먹고 일찍 잤다. 그런데 며칠이 지나
도 계속 기침이 난다. 병원에 갈까도 생각했는데, 별일 없겠지 싶어
그냥 두었다. 두세 달 지난 어느 날, 일을 하다가 갑자기 쓰러져 병원
에 실려 갔다. 병원에서 검사하니 급성 폐암이라 한다. 그 후 두 달
만에 사망에 이르렀다.

매우 좋지 않은 상황을 말씀드린 것 같지만, 이 이야기는 제 어머
니에게 실제로 일어났던 일이다. 고통을 무시하면 이런 일도 생긴다

는 점을 강조하기 위해서다.

**사람이 아픔을 느낀다는 것은 어쩌면 희망이 있다는 이야기다. 아프다는 걸 알아야 치료할 생각을 하기 때문이다.** 아프지 않다면 좋겠지만, 아픔을 느끼지 못한다면 굉장히 심각한 일을 야기하기도 한다.

자, 그럼 다시 짚어보자. 우리는 왜 아플까? 아픔을 담을 뭔가가 필요하다. 그것이 바로 우리 몸이다. 곧 사람이 아픈 것은 '몸과 마음'이 있어서라는 결론을 우선 도출할 수 있다. 육체적으로든 정신적으로든, 생명을 가진 존재로 태어났기 때문에 아픔을 느끼는 것이다. 그래서 고통을 말할 때, 생로병사의 '생'부터 이야기한다. 육신이 있기 때문에 병이 들고, 마음이 있기 때문에 상처도 받고 아픔도 느끼는 것이다. 육신으로 인해 고통이 따르고, 마음이 있어 괴로움을 만든다.

이 말은 곧 몸을 구성하는 다섯 가지 요소, 색·수·상·행·식의 오온에 대한 집착으로 인해 괴로움이 생긴다는 이야기다. 색(육체)과 수·상·행·식(정신)이 있으므로, 좋고 싫음이 생겨 취하거나 버리는 마음이 생긴다. 그로 인해 시간차야 있겠지만, 결과적으로는 자신을 괴로움에 빠뜨린다. 지금 여기서는 그것이 어떤 괴로움인지, 자신이 느끼는 괴로움의 상태를 알라는 말이다.

태어남도 괴로움이요, 늙음도 괴로움이며, 병들고 죽음도 괴로움이요, 슬픔과 절망도 괴로움이다. 아무리 원해도 갖지 못하는 것도 괴로움이며, 이 몸도 괴로움이다. 이렇게 괴로움에 대하여 명확하게 아는 것, 괴로움의 상태를 제대로 알아야 고통에서 벗어날 수 있다고 하는 것이 바로 '고성제'의 가르침이다. 현재 나의 상태를 스스로 파악하는 것이 그 문제 해결의 시작이라는 점을 명심해야 한다.

> 인간이
> 자기가 불행하다고 인식하는 것은
> 불행한 일이지만,
> 스스로 불행하다고 인식하는 것은
> 바로 그가 위대하게 되는 일이기도 하다.
>
> – 파스칼, 『팡세』 중에서

# 괴로움이
# 쌓여가는 원리

---

『상응부경전』에 의하면, 어떤 사람이 사리뿟따(Sāriputta, 사리불舍利弗) 존자에게 괴로움에 대해 묻자, 사리뿟따 존자가 세 가지 괴로움에 대해 이야기해 주었다고 한다. '고고(苦苦)·행고(行苦)·괴고(壞苦)'가 그것이다.

## ① 고고

'고고(苦苦)'는 본래의 괴로운 상황이 만들어낸 괴로움이다. '괴로움의 결과도 곧 괴로움'이라는 뜻이다. 힘든 여건이 힘든 결정을 내리게 하니까, 어쩌면 가장 쉽게 인과가 추정되는 괴로움일 수 있다. 어제까지 가난했던 사람이 갑자기 부자가 될 확률은 극히 드물다. 물론 없지는 않으나, 안타깝게도 이루기 힘든 일이라는 이야기다. 가

난은 또 다른 가난을 부르고, 고통은 또 다른 고통을 낳는다. 원효 대사의 해골 물이 시원한 음료수가 되기는 쉽지 않은 법이다.

## ② 행고

'행고(行苦)'는 무상한 변화를 통해 느껴지는 괴로움을 말한다. 영원한 것은 없고, 사람도 변하고 세상도 변하니, 어느 날 문득 무상한 이치를 발견함으로 인해 발생한 괴로움이다. 여기에는 나름의 깨달음이 있다고 생각된다. 어느 날 갑자기 거울에 비친 주름살과 흰머리를 보다가 자신의 몸과 마음까지 비추어보았더니 무상하여 고통의 원인이 전부 여기에 있음을 알게 되었다. 그 무상한 것을 부여잡고 아등바등 한평생 살다 보니 고통은 더욱 커졌다. 어디 그뿐인가. 열심히 살며 이것저것 긁어모으다 보니, 나도 모르게 죄업도 짓게 되고, 그만큼 괴로움도 쌓여가게 되는 원리를 알게 되어 괴로운 것이다.

## ③ 괴고

'괴고(壞苦)'는 즐겁고 행복하던 시절이 파괴되면서 만들어진 괴로움이다. 평소에 고생 없이 잘 살던 사람이 어느 날 사업이 망해서 경제적으로 어려운 상황에 놓였다면, 말할 것도 없이 현실을 비관하며 괴로워할 것이다. 지난 시절의 안락함에 집착하면 할수록 그 괴로움은 더욱 커지게 된다. 아름다운 여인을 만나 사랑에 빠져 결혼을 하고 행복하게 살고 있었는데, 아내가 병에 걸려 먼저 죽고 말았다. 그럼 어떨까? 미치도록 괴로울 것이다. 사랑이 무너졌기 때문이다. 행복하던 시절이 사랑하는 이의 죽음에 의해 파괴됨으로써 고통은 몇 배나 가중된다. 행복한 추억이 많으면 많을수록, 사랑이 크면 클수록 자신이 겪어야 할 아픔도 큰 법이다. 이것이 '괴고'다.

사리뿟따 존자가 설명해 줬다는 괴로움의 내용이 너무나 절절히 와 닿는다.

# 탐·진·치가
# 뭘까

___

부처님께서는 모든 괴로움은 우리에게 '탐(貪)·진(瞋)·치(癡)'가 있기 때문이라고 일깨워주셨다. 우리가 탐욕스럽고, 성냄이 많고, 어리석어서라고. 이렇게 탐·진·치가 있기 때문에 고통이 생기는 것이라고 말이다. 자, 그럼 탐·진·치가 뭘까.

## ① 탐

흔히 탐욕이라고 말하는 탐심(貪心)은 모든 것이 무상한데, 사물을 모두 내 것이라고 생각하고 고집하는 데서 일어난다. '저걸 갖고 싶다.'는 소유욕이 만들어낸 번뇌요, 집착이다. 내 것으로 만들고 싶어 하는 것에서부터 생기는 마음작용이 바로 탐심이다.

　어느 날 백화점에 있는 식당에서 친구를 만나기로 했다. 생각보다 백화점에 일찍 도착하는 바람에 한 바퀴 둘러보는데 쇼윈도에 예쁜 명품 가방이 보였다. 애초에 가방을 살 생각이 전혀 없었는데, 막상 보니 갖고 싶어진다. 견물생심(見物生心)이라고, 눈으로 보니까 너무 예뻐서 갖고 싶은 마음에 생활비는 얼마고, 이번 달에 납부해야 하는 공과금은 얼마인지 온갖 계산을 해본다. 저 비싼 가방을 사서 내 것으로 만들려고 하는 마음에서 문제가 발생하게 된 것이다. 그러니 이미 마음속에선 뱀 꼬리를 밟은 것이나 다름없다. 바로 탐심이다.

물론 그 가방을 아무렇지도 않게 살 정도면 그나마 조금 낫다. 그러나 욕심만큼 살 수 없으면 갑자기 속도 상하고, 괜히 월급 적은 남편이 미워지고, 화가 나기도 한다. 그런데 잠시 후에 만나기로 한 친구가 그 가방을 들고 나온다면 어떨까. 그럼 아마 속이 두 배는 더 상할지 모른다. 탐욕이 활활 타면서 번뇌가 들끓게 될 것이다.

탐욕에는 이러한 번뇌를 포함하여 식욕, 성욕, 재물욕, 명예욕, 수면욕이 있다. 말 그대로 음식에 대한 욕심, 성에 대한 욕구, 재물에 대한 탐심, 명예를 갖고픈 욕망, 잠에 대한 욕구 등이다. 누구나 가지고 있는 다섯 가지 근본적인 욕망, 즉 오욕(五慾)이 우리를 괴롭힌다. 모두 동물적 욕구와 인간의 욕망이 뒤섞여 만들어낸 번뇌들이다. 과거의 괴로움도 욕망 때문이요, 현재의 괴로움도 욕망 때문이며, 미래의 괴로움도 욕망 때문에 생길 것이다.

물론 욕망을 가진 인간이 욕심을 버리고 세상을 살아가기는 어렵다. 원하는 것을 얻기 위해 우리는 공부도 하고 일도 하며 살아간다. 더러는 욕망이 삶의 활력이 되기도 해서, 욕망이 없으면 자기 삶의 발전도 이루어내기 어렵다. 하지만 마음대로 얻지 못할 때의 괴로움 또한 자신의 욕망에서 비롯된다는 것을 잊지 말아야 한다.

## ② 진

탐·진·치의 '진'은 분노를 말한다. 무명(無明)에 뿌리를 두고 만들어진 '화'의 감정이다. 이것은 내가 옳다는 생각에 빠져 집착하는 데서 비롯된다. 다른 사람과 이야기를 나누다가 자기 의견을 이야기했는데 상대방이 받아들여 주지 않고 자신의 의견이 거부당하면 화가 난다. 내가 하고자 하는 대로 따라주기를 바라는 마음으로 인해서 발생하는 것이 진심(瞋心)이다. 나의 욕구를 적당히 추구하면 될 텐데, 지나치게 취하려고 하면 다툼이 생기고 분노가 치밀어 이윽고 마음의 등불을 꺼버리는 결말을 맞게 된다.

또 다른 관점으로 표현하면, 나만 옳고 바르며 상대방은 바르지도 깨끗지도 않다고 생각하기에 그것을 밀어내고자 하는 마음이 만들어낸 감정이라고도 볼 수 있다. 적대적인 감정이 만들어져서 모두를 거부해 버리는 것이다. 부모 형제나 가까운 친구까지도 일순간에 원수가 될 수 있을 만큼 무서운 감정이 바로 분노다. 자기 생각에 빠져 저 혼자 무섭게 몸부림치며 스스로를 괴롭힌다. 모기 하나에 칼 빼 든다고, 자신의 광기를 억제하지 못하는 지경에 이르는 사람들도 요즘에는 많다. 그래서 더러는 납득이 되지 않을 정도로 무서운 분노조절장애와 관련된 뉴스도 접하게 된다.

### ③ 치

탐·진·치의 '치'는 바로 어리석음이다. 이것은 내가 존재한다는 생각에서 비롯된 어리석음을 말한다. 자기 자신을 고집하는 데서 만들어진 어리석음이다. 우리는 보통 불교의 가르침을 말할 때 '이 세상에 존재하는 모든 생명은 고통을 느끼며 살아가고, 시간적으로 볼 때 모든 것은 변하며, 영원한 것은 없다.'고 한다. 이것을 모르고 '영원한 것이 있다. 변하지 않는 것도 있다.'고 생각하는 어리석음이 바로 치심(癡心)이다. 곧 사성제를 모르고, 삼법인이 말하는 세상의 이치를 모르는 것도 다 어리석다는 의미다. 또 자신이 얼마나 욕심이 많은지, 화가 많은지 모른다면 어리석은 것이다. 자기 안에 숨어 있는 탐욕의 크기도, 분노의 크기도 모르는 것이니, 당연히 어리석은 사람이다.

이렇게 여러 종류의 어리석음으로 인해 괴로움이 찾아온다. 이 모두가 고통의 원인이 될 수 있다는 가르침이다.

인간이 느끼는 괴로움에는, 경험적으로 느낄 수 있는 감각적 고통뿐만 아니라, 스스로 만족하지 못하고 부족하다고 생각하는 것들 모두를 포함한다. 석가모니 부처님께서 출가 수행하시고, 깨달음을 위해서 그렇게 힘들게 정진하신 것은 바로 이렇게 만들어진 고통을 해결하기 위함이었다. 그래서 불교는 항상 괴로움을 직시하는 데서 시작한다고 강조한 것이다.

| 삼독 | 괴로움의 원인이 되는 세 가지 |
|---|---|
| 탐(貪) | 먹고 싶고, 갖고 싶은 욕심 →<br>오욕(식욕, 성욕, 재물욕, 명예욕, 수면욕) |
| 진(瞋) | 내가 원하는 대로 할 수 없어서 생긴 분노 |
| 치(癡) | '무상'하고 '무아'임을 모르는 어리석음 |

**2**

# 집

좋은 게 정말 좋은 것일까

집성제(集聖諦)의 핵심은
괴로움의 원인이 무엇인지 아는 것이다.
나의 상태를 명확하게 알아차리는 것이
바로 고성제의 요점이라면,
그 괴로움의 원인이 무엇인지 아는 것이
집성제의 요점이다. 자신이 아파야 병이 난 줄 알고,
병이 난 줄 알아야 병을 고치는 것과 마찬가지다.
자신이 아프다는 것을 알면서도 무시해 버리고,
병이 난 것 같은데도 외면해 버리면
해결할 방법이 없다.

# 괴로움의
# 원인을 알아야지

---

고·집·멸·도의 두 번째는 괴로움의 발생에 관한 진리다. 쉽게 말해 '모든 괴로움에는 원인이 있다.'는 것이다. 이것이 바로 '집성제(集聖諦)'인데, 집성제에서는 앞서 말한 괴로움이 발생하는 원인을 밝혀 준다.

한자 集은 '모일 집' 자인데, 그 모양을 가만히 살펴보면, 나무 위에 새가 와서 앉아 있는 모양이다. 나무 위에 새가 날아들어 무리를 이루어 앉아 있는 것이 '모일 집' 자라면 왜 집성제를 이렇게 표현했을까?

괴로움의 원인을 생각해 보면, 반드시 어딘가에 원인이 있고 조건이 있다. 말하자면 뭔가 모여서 고통을 만든다는 이야기다. 즉 조건과 원인이 모이고, 오온이 모여 그 결과물로써 괴로움을 만들어낸다는 뜻이다.

불교에서는 그 원인을 탐(貪)·진(瞋)·치(癡)로 보았다. 특히 탐욕과 인간의 욕망, '갈애(渴愛)'를 이야기한다. '목마를 갈(渴)' 자에 '사랑 애(愛)' 자를 쓰는 갈애는 목이 말라 애타게 물을 찾듯이, 몹시 탐내어서 그칠 줄 모르는 것을 말한다.

흔히 우리는 '괴로움'의 반대말을 '즐거움'이라고 생각한다. 고통의 반대말을 쾌락이라고 생각하는 것과 마찬가지다. 그래서 보통은 고(苦)와 락(樂)을 같이 쓰곤 한다. 부부나 동료, 전우나 친구 사이를 말할 때 '고락을 함께했다.'는 표현이 여기서 나온다. 하지만 '고'의 반대말을 '락'이라고 생각하는 것은 우리의 이분법적 사고방식의 결과일 수 있다. 불교에서는 그렇게 생각하지 않기 때문이다.

**불교에서는 '고'의 반대말은 '락'이 아니라, 고요한 세계, 평안의 세계, 열반의 세계라고 말한다. 괴로움의 반대는 괴로움이 없는 평온한 삶이라는 것이 불교적 사유방식이다.** 그러므로 불교는 고통의 소멸 상태인 열반으로 가는 방법을 가르친다. 고통을 소멸시키고 행복으로 가는 길, 그 길을 설명해 주는 것이 사성제의 가르침이다.

부처님께서는 일시적인 행복을 불완전한 것으로 보았다. 예를 들어, 내가 좋아하는 사람이 나한테 선물을 했다면 정말 행복하겠지만, 그것은 불완전한 행복 상태를 만들어준 것뿐이라는 이야기다.

시간이 지나 다음날 무슨 문제로 둘 사이에 다툼이 생기게 된다면, 어제의 그 기쁨은 금세 사라지게 된다. 언제 그랬냐는 듯 마음이 괴로울 수도 있다. 이렇듯 우리가 느끼는 잠깐의 기쁨과 행복은 불완전한 것이다.

따라서 세속적으로 느끼는 기쁨이나 행복은 완전한 것이 아니기 때문에, 거기에 집착할 필요가 없다는 것이 부처님의 가르침이다. 기쁘고 즐거운 시간조차도 결과적으로는 불행의 원인이 된다는 것이다.

예를 들어, 어제 생일이라고 식구들이 선물을 잔뜩 주었다. 꽃다발에 케이크에 선물까지 받고 기분이 날아갈 듯 좋았다. 모두에게 감사하고, 사랑하는 마음이 영원하길 다짐하고 약속한다. 아, 그러나 그런 마음은 그리 오래가지 않았다. '얼마 지나지 않아 남편이 바람이 난 것을 알았다.', '아이가 가출을 했다.', '병원에 갔더니 나보고 암이란다.' 이 중에 어느 하나라도 해당이 된다면 괴로움에 쓰러져 경악하며 울 것이다.

아무리 예뻐도 100일 동안 예쁘게 피어 있는 꽃은 없다. 아무리 좋아도 일생 동안 사랑하며 사는 사람도 드물다. 이러한 감정은 대체로 다 불완전한 기쁨이요, 불완전한 행복일 뿐이다. 그러니 불완전한 것들에 연연하지 말고 실상을 명확하게 알아야 한다. 이렇듯 불교의 사유방식은 일반인들의 사유방식과는 전혀 다른 궤도에 있다.

> "비구들아, 괴로움에 발생이라는 진리가 있다. 과보를 일으키고
> 희열과 탐욕을 동반하고 모든 것에 집착하는 갈애. 그 갈애가
> 바로 원인이다."
>
> - 『디가니까야』 22권

『마하승기율』 제30권에 애착이 낳은 비극적인 이야기가 나온다. 옛날에 아내를 두고 출가한 마하라(摩訶羅)라는 비구가 있었다. 마하라 비구의 전 아내는 어느 날 갑자기 출가해 버린 남편을 끝내 포기하지 못했다. 그래서 남편이 있는 곳 근처에 가서 길쌈을 했다. 이를 지켜보기에 심기가 몹시 불편했던 마하라 비구는 아내에게 제발 돌아가 달라고 부탁했다. 하지만 여인은 듣지 않았다. 아니, 들을 수가 없었다. 사랑하던 남편이었기에, 스님에 대한 사랑의 마음을 거둘 수가 없었기 때문이다.

하는 수 없이 마하라 비구는 몰래 다른 수행도량을 찾아 떠났다. 평소 여인을 안타깝게 여겼던 지인이 이 소식을 여인에게 전해 주었다. 여인은 떠나는 마하라 비구의 뒤를 헐레벌떡 쫓아가 옷자락을 붙잡고 애원했다.

"저를 위해서 제발 가지 마세요. 아무것도 바라지 않아요. 그저 제가 곁에서 옷과 발우도 챙기고, 아플 때는 필요한 약도 챙겨드릴 게요."

그러나 마하라 비구는 출가한 자로서 그럴 수는 없다며 한사코 거절했다. 그는 그냥 혈혈단신 혼자 수행하며, 아내와 같은 끈끈한 인연 없이 출가자답게 살고 싶었을 뿐이다.

마하라 비구는 자기를 포기하지 않고 줄곧 쫓아다니는 아내가 징글징글하게 싫었다. 제발 자신에게서 떨어졌으면 하는 마음이 굴 뚝같았다. 그리고 어느새 그 마음은 아내에 대한 미움과 원망으로 변하기 시작했다. 끝내 놓아주지 않는 여인을 떼어내기 위해 마하라 비구는 결국 폭력까지 휘두르며 아내를 떼어낸다. 더 이상 여인이 따라오지 못할 지경에 이르도록 가혹하게 폭력을 휘두르고는 떠나 버렸다.

불교의 법전(法典)이라고 할 수 있는 율장에서는 이를 계기로 마 하라 비구에게 나쁜 일이 생겼다고 설명하였다. 그리고 여인을 때린 것에 대해 투란차죄(과실치사)를 적용시켜 마하라 비구에게 벌을 주 었다.

이 일은 아내의 잘못일까, 남편의 잘못일까? 두 사람 모두의 잘 못일까? 서로에게 남긴 상처를 보라. 도대체 저 여인과 저 스님은 다음 생에 어떻게 만나게 될까? 상상만으로도 끔찍한 업연(業緣)이 아닐 수 없다.

괴로움의 원인이 되는 갈애는 쾌락과 욕망을 동반하기 때문에, 결과적으로 윤회하게 만든다. 사랑하는 사람, 내가 좋아하고 기분이 좋아지는 것들에는 반드시 갈애가 자리를 차지한다. 눈으로 보는 즐거움, 귀로 듣는 즐거움, 좋은 향기, 맛있는 음식, 피부에 닿는 좋은 감촉, 사랑스럽고 기분 좋은 감정들, 이 모든 것들에 갈애가 자리 잡게 되는 것이다. 그리고 이러한 갈애는 모든 괴로움의 원인이 된다.

# 율장

'율장(律藏)'은 출가 수행자 개개인은 물론, 승가를 운영하는 데 있어서 필요한 '승가 규칙의 모음집'을 말한다.

원래 출가 수행자들에게는 지켜야 할 규칙들이 있다. 그것을 가리켜 '율(律, vinaya)'이라고 하는데, 어원을 찾아보면 '제거하다·훈련하다·교육하다'라는 의미를 지니는 단어였다. 그 안에 담긴 '제거, 규칙, 행위규범' 등의 의미를 받아들여 불교에서는 승가 운영을 위한 규칙을 가리키는 용어로 삼았다. 그러니까 율은 승가의 행동규범인 것이다.

이러한 율의 제정을 통해 출가자 개개인에게는 심신을 잘 다스리고, 번뇌와 악행을 저지르지 않도록 하여 바른 수행으로 이끌도록 한다. 또 승가의 입장에서는 원만한 운영과 승가 화합을 위해 필요한 규범들이 담겼다. 따라서 율에는 반드시 그것을 어겼을 때에 합당한 처벌이 기다리고 있다. 그러한 율을 총괄하여 모아놓은 것이 바로 '율장'이다.

> "세 가지 청정함이 있다.
> 몸의 청정, 말의 청정, 생각의 청정이 세 가지다.
>
> 몸의 청정이란 무엇인가.
> 살생하지 않고, 도둑질하지 않고,
> 삿된 음행을 하지 않는 것이다.
>
> 말의 청정이란 무엇인가.
> 거짓말하지 않고, 이간질하지 않고,
> 악담하지 않으며, 잡담하지 않는 것이다.
>
> 생각의 청정이란 무엇인가.
> 욕심 부리지 않고, 화내지 않으며,
> 바른 견해를 갖는 것이다."
> - 『앙굿따라니까야』 3부 118

# 잘못된 선택이 낳은
# 과보

집성제의 핵심은 괴로움의 원인이 무엇인지 아는 것이다. 나의 상태를 명확하게 알아차리는 것이 바로 고성제의 요점이라면, 괴로움의 원인이 무엇인지 아는 것이 집성제의 요점이다. 자신이 아파야 병이 난 줄 알고, 병이 난 원인을 알아야 병을 고치는 것과 마찬가지다. 자신이 아프다는 것을 알면서도 무시해 버리고, 병이 난 것 같은데도 외면해 버리면 해결할 방법이 없다.

마음도 그렇다. 마음 아픈 것이 사랑하는 이에 대한 나의 집착 때문이라는 것을 알지 못한다면, 하염없이 아플 수밖에 없다. 자신의 집착이 만들어낸 고통임을 똑바로 알아야 조금씩 마음을 내려놓는 연습을 할 것 아니겠는가.

현재 당면하고 있는 괴로움의 원인에는 수많은 일들이 있다. 심지어 전생의 업보로 인해 어쩔 수 없이 받아야만 하는 숙명 같은 과보도 있다. 지금 나의 선택은 미래의 운명을 만들지만, 과거에 지은 업은 현재 나에게 숙명처럼 따라와 영향을 주기 때문이다.

목갈라나(Moggallāna, 목련目連) 존자의 이야기를 한번 해보자. 목갈라나 존자는 부처님의 10대 제자 중 한 분이고, 신통제일(神通第一)로 유명한 분이다. 죽마고우였던 사리뿟따 존자와 함께 250명의 수행자들을 이끌고 부처님께 출가하였는데, 이런 목갈라나 존자가 생을 마감할 때, 놀랍게도 외도들에게 맞아 죽었다는 설이 있다. 말씀드렸다시피 목갈라나 존자는 신통제일로 평가받는다. 자기에게 덤비는 외도쯤 혼내주는 것이야 식은 죽 먹기였을 것이다. 그런데도 맞아죽었다니, 이상한 노릇이다. 사리뿟따 존자는 죽을 위기에 놓인 목갈라나 존자에게 이렇게 말했다.

"아니, 자네는 우리 승가(僧伽)에서 신통력이 제일인 존자가 아닌가? 피하려면 얼마든지 피할 수 있었을 텐데, 왜 그렇게 하지 않았는가?"

사리뿟따 존자조차도 그런 상황이 납득이 되지 않았나 보다. 그럼에도 불구하고 목갈라나 존자는 모든 매를 다 맞고 뼈가 부스러져 결국 죽고 말았다. 아마도 당신이 맞아 죽어야 할 숙명임을 이미 알고 있었을 것이다. 목갈라나 존자는 이렇게 말했다.

"내가 지은 업보는 매우 깊고 무거운 것이네. 그 과보는 언젠가 받아야 하는 것이기에 피하지 않았네."

자, 그럼 어떻게 된 일인지 그 원인을 따라가 보자.

목갈라나 존자는 아주 먼 전생에 놀랍게도 부모님을 때려죽인 일이 있었다. 전생의 부모님은 시각 장애를 가졌다. 앞을 보지 못하는 분들이 늙어가니 생활이 불편할 것은 불 보듯 뻔한 일이다. 그만큼 곁에서 도와드릴 일도 많았을 것이다. 목갈라나 존자는 꽤 늦게 결혼했는데, 앞을 못 보는 부모님이 나이 들어갈수록 아내는 점점 더 싫은 내색을 했다. 시부모가 싫었던 며느리는 결국 목갈라나 존자를 이간질하여 부모님을 산속에 버리도록 꾸몄다. 치매에 걸린 것처럼 거짓으로 꾸민 아내의 꾀에 넘어간 목갈라나 존자는 결국 눈먼 부모님을 산으로 데려간다. 그러고는 마치 산적이 나타나 해친 것처럼 꾸며 그 불쌍한 노인들을 때려죽이고 말았다.

이렇게 극악무도한 죄를 지었으니, 제아무리 목갈라나 존자라 해도 그 과보를 피할 수는 없다. 결국 목갈라나 존자는 무간지옥에 떨어져 오랜 세월 고통받으며 살았다. 그런데도 그 과보가 다하지 않아 대아라한이요 신통제일이었지만, 마지막 생에서까지 맞아 죽는 과보로 생을 마감했던 것이다. 자신의 잘못된 선택으로 얼마나 큰 죄를 지었는지 보라. 그 과보 또한 너무나 무섭다. 자신이 순간순간 쌓아가는 업의 과보가 지금 내 눈앞에 있다.

# 석가족에게 품은 원한

『증일아함경』 26권에 석가족이 멸망하던 때의 비참한 이야기가 전해지고 있다. 부처님 당시 석가족의 이웃 나라인 코살라(Kosalā)국에 '위두다바(Vidūdabha)'라는 왕자가 있었다. 이 왕자는 파세나디(Pasenadi) 왕의 아들인데, 아버지를 쫓아내고 왕의 자리에 오른 자였다. 그런데 이 위두다바 왕은 석가족에 깊은 원한이 있었다. 사연은 이러하다.

아버지인 파세나디가 코살라국 왕이었을 때, 주변의 약소국들에게 공주를 바치게 한 적이 있다. 그렇게 각국에서 보낸 공주가 파세나디 왕과 결혼을 하게 된 것이다. 그런데 석가족은 코살라국이 신흥 강대국일지라도 왕의 출신이 낮았기 때문에 공주를 시집보내기 싫었다. 그래서 고민 끝에

꾀를 내어 왕과 하녀 사이에서 태어난 '파사바'라는 여인을 공주로 속여서 코살라국에 보냈다. 파사바가 낳은 아이가 위두다바였다.

위두다바가 여덟 살이던 어느 날, 왕자는 어머니와 함께 석가족이 사는 카필라성에 가게 되었다. 그리고 그곳에서 우연히 자신의 어머니가 공주가 아니였다는 사실을 알게 되었다. 코살라국의 왕비인 어머니와 왕자인 자신을 더러운 천민들이라고 하며 뒤에서 궁녀들이 흉 보는 걸 듣게 된 것이다. 충격과 분노에 휩싸인 왕자는 그 천대를 잊지 않고 언젠가 반드시 이 원한을 갚고야 말겠다고 다짐했다.

그리고 세월이 흘러 자신이 왕이 된 후, 다짐한 대로 지난날의 수모를 갚기 위해 제일 먼저 석가족을 멸망시키려 했다. 이윽고 왕은 원한을 갚겠다는 목적하에 대군을 이끌고 카필라성으로 쳐들어갔다.

그 사실을 알게 된 부처님이 홀로 길을 나섰다. 부처님은 군대가 지나가는 길에 나가서 죽은 나무 아래 뙤약볕에 앉았다. 위두다바 왕이 진군하다가 이러한 부처님의 모습을 보게 되었다. 왕은 부처님께 왜 이렇게 뙤약볕 아래 앉아계시는지 여쭈었다. 부처님은 "그 어떤 나무 그늘보다도 내 종족의 그늘이 더 시원하다."라고 대답한다. 위두다바 왕은 부처님이 석가족의 멸망을 가슴 아파하신다는 것을 알았고, 하는 수 없이 퇴군하였다.

하지만 궁으로 돌아가서도 왕은 도저히 분노를 참을 수가 없었다. 그래서 두 번이나 진군을 했다가 번번이 중간에 부처님을 만나 포기하고 돌아오게 되었다. 그러나 화를 참지 못하고 다시 석가족을 치러가던 날이었다. 부처님은 더 이상 길에 나가 막지 않으셨다. 그리고 "전생의 업보란 하늘로 옮길 수도, 쇠 그물로 덮을 수도 없다."는 말씀을 하셨다. 인연의 과보는 결국 받아야만 끝난다는 것을 알기 때문이었다.

카필라성에 쳐들어간 위두다바 왕은 석가족을 멸망시키는 정도가 아니라, 석가족 대부분을 잔인하게 학살했다. 그렇게 원한을 푼 위두다바 왕은 일주일 후 시녀들과 함께 강가에서 연회를 베풀고 놀다가 갑자기 불어난 강물에 휩쓸려 죽고 말았다. 뿐만 아니라, 그가 살던 궁궐도 벼락이 쳐서 불타 없어지게 되었다.

석가족이 몰살당하던 날, 부처님은 심한 두통을 느꼈다고 한다. 이런 일이 생긴 후, 제자들이 부처님께 무슨 인연인지 묻자, 부처님께서 석가족의 과거 인연을 말씀해 주셨다.

그 말씀에 의하면, 부처님이 태어나기 전, 석가족이 모여 사는 마을이 있었다. 그 마을에는 큰 연못이 있었는데, 어느 해 가뭄이 들어 물이 말라 연못 속 물고기들을 잡아먹었다. 그때 마지막으로 가장 큰 물고기 한 마리가 나왔는데, 이것 역시 삶아 먹었다. 이때 마을에 고기를 먹지 않는 아이가 있었는데, 그 물고기를 잡자 물고기의 머리를 세 번 때리면서 장난을 쳤다고 한다.

그 큰 물고기가 바로 지금의 위두다바 왕이며, 석가족을 몰살시킨 군대는 죽은 연못의 물고기였다. 그리고 물고기의 머리를 때리던 아이는 부처님이었다. 그로 인해 부처님은 3일 동안 머리가 몹시 아팠다고 한다.

원한과 과보의 이야기는 이렇게 끝난다. 서로 원한을 갚으려 한다면, 끝날 날이 없다. 어느 쪽에선가는 참아야 끝날 일이다.

멸

머물고 싶은 세계를 향해

멸성제(滅聖諦)는 아픔의 원인을
다 제거했을 때 도달할 수 있는
고요하고 안온한 최상의 상태,
적정(寂靜)의 상태인 열반을 말한다.
열반의 원어인 '니르와나(nirvāṇa)'는
촛불을 훅 불어서 끈 것처럼,
활활 타는 모든 번뇌를 완전히
꺼버린다는 의미를 가졌다.
이 열반의 성취야말로 불교에서
추구하는 가장 이상적인 상태다.

# 모든 번뇌를
# '훅' 하고 불어 꺼버리면

---

이번에는 멸성제(滅聖諦)에 관한 설명이다. 멸(滅)이란 말 그대로 소멸된 것을 말한다. 무엇이 소멸되었는가? 모든 욕망과 번뇌가 소멸했다는 뜻이다. 이는 곧 탐·진·치의 소멸을 의미한다. 마음을 하나로 모아 산만하지 않도록 하고, 수행을 통해 자신을 괴롭히는 모든 번뇌를 훅 불어서 일시에 꺼버리면 고요하고 안온한 상태에 이르게 된다. 그것을 불교에서는 '열반(涅槃, nirvāṇa)'이라고 한다.

**마음속에 불타고 있는 번뇌의 재료들에 대해 이해하기를, 앞서 공부한 대로 '실재하지 않고 무상한 것'이라고 인식하면 열반의 세계는 열리게 되어 있다.** 세상 만물은 항상 변하고, 조건에 의해 결합된다는 사실을 깨닫고 번뇌의 불길을 꺼버릴 수만 있다면 우리도 괴로움의 소멸에 이를 수 있다.

열반에 대한 설명으로 가장 잘 알려져 있는 것이 사리뿟따 존자의 말씀이다. 사리뿟따 존자는 『상응부경전』에서 "도반들이여, 탐욕의 소멸, 성냄의 소멸, 어리석음의 소멸이 바로 열반이니라."라고 말했다. '감각적 욕망에 대한 갈애, 존재에 대한 갈애, 존재하지 않으려는 갈애'까지 포함하여 모든 종류의 갈애가 다 사라진 경지가 열반이며, 탐욕과 성냄과 어리석음이 다 소멸된 상태를 열반으로 본다.

즉, 괴로움이 없는 가장 이상적인 상태가 열반이다. 그리고 이러한 열반의 경지를 얻기 위해서는 '고, 무상, 무아'를 바르게 통찰해야만 한다. 그러한 통찰을 통해 탐·진·치와 집착을 놓아버리면 번뇌는 저절로 소멸될 것이다. 그 번뇌의 소멸이야말로 열반을 향한 지름길이다.

# 뭣이
# 중헌디?

---

박노해 시인의 사진 에세이 『길』(느린걸음, 2020)의 표지에 이런 글이
있다.

> 먼 길을 걸어온 사람아
> 아무것도 두려워 마라.
> 길을 잃으면 길이 찾아온다.
> 길을 걸으면 길이 시작된다.
> 길은
> 걷는 자의 것이니

우리는 모두 길 위에 서 있다. 아니, 길을 가고 있다. 우리는 곧잘 길

을 잃기 때문에, 인생에서 자신의 현재 상황이 어떠한지를 아는 것은 매우 중요하다. 그렇다고 해서 마냥 현실 파악만 하고 있을 수는 없다. 그 사이 시간은 가고 업보는 쌓인다. 어서 길을 찾아야 한다. 위급한 상황에선 우선 중요한 것이 무엇인지 재빠르게 판단하고 실행해야 한다.

『중아함경』에 이런 이야기가 있다.

대중 가운데 있던 말룽꺄가 자리에서 일어나 합장하고 공손하게 여쭈었다.

"희유하십니다. 세존이시여! 여래께서는 저희들을 잘 보호해 주시고 격려해 주십니다. 그런데 세존이시여, 저는 이 세계가 영원한 것인지 유한한 것인지, 생명이 곧 이 육체인지 아닌지 몹시 궁금합니다. 저의 이러한 생각 자체가 진실한 것인지 허망한 것인지에 대해 말씀해 주십시오."

부처님께서 이르셨다.

"말룽꺄여, 내가 전에 세계가 영원하다고 해서 그대는 나를 따라 수행해 왔던 것인가?"

"아닙니다. 세존이시여. 그렇지 않습니다."

"그 밖의 의문에 대해서도 내가 전에 이것은 진실하고 다른 것은 허망하다고 말했기 때문에 그대는 나를 따라 수행을 해온 것인가?"

"아닙니다. 세존이시여. 그렇지는 않습니다."

"그대는 참 어리석구나. 그런 문제에 대해서는 내가 일찍이 그대에게 말한 일도 없고, 그대 또한 내게 말한 일이 없는데, 어째서 그리 부질없는 생각을 한단 말인가?"

그렇게 말해도 말룽꺄의 얼굴은 도무지 알 수 없다는 표정이었다. 대중 가운데에는 아직도 의심이 풀리지 않는 이들이 많아서인지, 부처님은 말룽꺄를 자리에 앉게 하고 비구들을 향해 다시 한 번 강조하여 말씀하셨다. 이것이 그 유명한 '독화살의 비유'다.

"어떤 사람이 독 묻은 화살을 맞아 견디기 어려운 고통을 받고 있을 때, 그 가족들이 곧 의사를 부르려고 했다. 그런데 그는 '아직 화살을 뽑아서는 안 되오. 나는 먼저 나를 쏜 사람이 누구인지, 성은 무엇이고 이름은 뭐라고 하며 어떤 신분인지를 알아야 하오. 그리고 그 활을 뽕나무로 만들었는지 물푸레나무로 만들었는지 알아야 하오. 또 화살 깃이 매 털로 된 것인지 닭 털로 된 것인지도 먼저 알아야 하오.'

이렇게 따지려고 든다면 그는 그것을 알기도 전에 온몸에 독이 퍼져 죽고 말 것이다. 세계가 영원하다거나 무상하다고 말하는 이들도 이와 똑같다. 그들에게도 생로병사와 근심걱정은 있다. 나는 그대들에게 세계가 무한하다거나 유한한 것이라고 단정적으로 말하지 않는다. 왜냐하면 그것은 이치와 법에도 맞지 않으며, 수행도 아니어서 지혜와 깨달음으로 나아가는 길이 아니고, 열반의 길도 결코 아니기 때문이다. 내가 한결같이 말하는 것은 괴로움과 그 괴로움의 원인과 그것의 소멸과 그 괴로움을 소멸하는 길이다. 그대들도 그렇게 알고 배워야 한다."

# 부처님께서
# 멸성제를 설하신 이유

---

"우리의 목적은 불교 신도를 늘리는 것이 아니라,
더 많은 깨달은 자를 만드는 것입니다."

달라이 라마 존자가 남긴 명언 중 하나이다.

자, 드디어 우리는 병의 원인이 뭔지, 괴로움의 원인이 뭔지 알았다. 불완전한 존재들에게는 마음의 집착과 갈애가 고통을 만들어낸다는 사실을 알게 되었다. 끊임없이 반복되는 욕망과 번뇌가 밖에 있는 것이 아니라, 나의 내면에 있다는 것도 알았다. 그럼 이제 어떻게 할까? 이것을 없앨 마음을 일으켜야 할 것이다. 괴로움의 원인으로부터 괴로움이 발생했다면 괴로움을 제거하는 방법, 즉 수행을 통해 괴로움의 소멸에 이르러야 한다.

또한 괴로움의 원인을 반드시 제거할 수 있다고 믿어야 한다. 논리적 사고로 증명이 되는데도 불구하고 믿으려 하지 않기 때문에, 끊임없는 번뇌 속에 사는 것이다. 병을 치유하면 나을 수 있듯, 괴로움의 원인을 제거하면 더 이상 고통받지 않는다는 것! '괴로움의 소멸 상태'에 관한 이야기가 바로 멸성제다. 멸제(滅諦)라고도 하며, '괴로움의 소멸에 관한 진리'를 말한다.

> "괴로움의 소멸에 대한 거룩한 진리는 이와 같다. 갈애를 남김
> 없이 사라지게 하고 소멸하고 포기하고 버려서 더 이상 갈애에
> 집착하지 않고 갈애로부터 벗어나는 것이다."

부처님의 지혜로운 가르침을 공부하다 보면, **나의 잘못된 생각이 판단을 흐리게 만들고, 많은 것들에 대한 인식을 왜곡시키고 있음을 알게 된다. 나아가 왜곡된 인식과 판단은 나쁜 선택을 하게 만들고, 많은 번뇌와 악업을 만들어낸다.** 그러나 모든 번뇌를 대표하는 갈애를 남김없이 소멸시킨다면, 고요한 상태, 적멸의 즐거움(적멸위락寂滅爲樂)을 맞이할 수 있다는 것이 지금 설명하는 '멸성제'다.

쉽게 말하자면 이렇다. 우리는 감기에 걸렸을 때 병원에 가거나 약을 먹는다. 그러면 두통이 가라앉고 기침이 멎는다는 사실을 알기 때문이다. 소화가 잘 안 된다고 느낄 때 소화제를 먹는 것도, 약을 먹

으면 원래의 편안한 상태로 돌아갈 수 있다는 것을 알기 때문이다. 조금 더 큰 병도 마찬가지다. 만약 당신이 암에 걸렸다면, 항암 치료도 받고 방사선 치료도 받으면서 의사의 지시대로 먹고 치료하고 요양할 것이다. 왜 그럴까? 전문의는 내 병의 상태를 가장 잘 아는 사람이므로, 의사의 지시대로 따라 하면 아픈 병이 호전된다는 것을 누구보다 환자가 가장 잘 알기 때문이다.

우리가 살아가면서 육체적인 고통을 느꼈을 때 그 통증을 완화시키기 위해 약도 먹고 병원에 가서 치료를 받는 것처럼, 마음의 문제도 마찬가지다. 부처님은 마음병 전문의다. 마음이 괴로워지면 왜 괴로운 것인지, 그 괴로움의 원인인 탐욕의 내용을 파악하고, 그것을 찾아 제거하면 편안해진다는 이야기를 해주신다. 그 마음 아픔의 처방전이 바로 부처님의 말씀을 담은 교리요, 경전인 것이다.

부처님은 세상 만물의 이치를 자세히 알려줄 테니 잘 들으라고 하면서 '무상과 무아'의 이치를 가르쳐주셨다. 명백한 사실을 토대로 알려주는 데도 받아들이지 않는 쪽은 언제나 중생들이다. 그것을 내려놓으면 편안한 상태로 돌아갈 수 있는데도, 중생은 달콤한 꿀물에 현혹되어 쾌락을 외면하지 못한다. 그 달콤한 꿀물이 당장은 맛있어도 마음 건강에 얼마나 해로운지 설명해 주는데도, 쉽게 받아들이지 않는다.

멸성제는 아픔의 원인을 다 제거했을 때 도달할 수 있는 고요한 최상의 상태, 적정(寂靜)의 상태인 열반을 말한다. 열반의 원어인 '니르와나(nirvāṇa)'는 촛불을 훅 불어서 끈 것처럼, 활활 타는 번뇌를 완전히 꺼버린다는 의미를 가졌다. 이 열반의 성취야말로 불교에서 추구하는 가장 이상적인 상태이다. 그 상태를 완벽하게 이루고 잘 알아서 자비심으로 중생을 이끌어주는 분이 바로 석가모니 부처님이다.

열반의 핵심은 번뇌의 제거다. 번뇌의 원인인 갈애를 소멸하고 집착을 놓아버리면, 우리 몸과 마음을 구성하는 오온의 작용에서 자유로워지게 된다. **욕심도, 성냄도 내려놓고, 어리석지 않다면, 번뇌 또한 소멸된다. 이 상태가 '열반'이다.**

부처님께서 이렇게 말씀하셨다.

"비구들아, 괴로움의 소멸이라는 진리가 있다. 갈애를 남김없이 소멸하고, 버리고, 벗어나서, 어디에도 집착하지 않는 것이다."
- 『율장대품』

어디에도 집착하지 않고 번뇌의 불길을 꺼버리면, 이윽고 멸성제에 도달할 수 있다는 말씀이다. 부처님께서 이렇게 멸성제를 말씀하신 것은 우리가 추구할 목표이기도 하지만, 한편으론 우리에게 믿음을 주기 위해서다. 고통에서 벗어날 수 있다는 믿음, 아픔을 치유할 수 있다는 믿음, 윤회를 벗어날 수 있다는 믿음, 진리와 열반을 성취할 수 있다는 믿음 말이다. 그래야 그 믿음에서 발심의 싹이 튼다.

**4**

도

어떻게 살 것인가?

도성제(道聖諦)는 삶에서 괴로움을 없애는 방법,
곧 멸성제로 가기 위한 방법을 말한다.
그 길에는 바른 견해, 바른 생각, 바른 말,
바른 행동, 바른 생활수단, 바른 정진,
바른 마음챙김, 바른 집중의 여덟 가지가 있다.
괴로움의 원인을 알았고,
그 원인을 없애고 난 다음의 상태를 알았고,
그다음에 그 원인을 없애는 방법에 대해서
이야기하는 것이다. 이것을 불교에서는
'팔정도(八正道)'라고 한다.

# 사성제의 핵심은
# 도성제

샨티데바(ⓢ Śāntideva, 687~763) 존자의 『입보리행론』에 보면, "우리가 삶을 선하게 하지 않으면, 우리의 생은 그저 어머니에게 고통을 준 것밖에 되지 않는다."라는 구절이 있다. 가슴이 먹먹해지는 대목이다. 슬픔만 한 보따리 짊어지고 일생을 힘들게 살다 가신 어머니에게 배가 터질 것 같은 산고의 아픔만 남기게 했다면, 이 얼마나 괴로운 일인가.

출가자인 나는 어머니를 생각할 때마다 마음이 편치 않다. 조금이나마 어머니 은혜에 보답하려면 한눈팔지 않고 부지런히 정진하는 수밖에 없다. 굽이굽이 휘어진 출가 수행의 길이 멀고 험할지라도, 서두르지 말고 한 걸음 한 걸음 손에 염주를 굴리듯 걸어가야겠다. 그 수행 정진의 길이 이 '도성제(道聖諦)'에 나와 있다.

앞서 고성제, 집성제, 멸성제, 이렇게 세 가지 성스러운 가르침에 대해 이야기했다. 이제 고(苦)·집(集)·멸(滅)·도(道) 가운데 마지막에 해당하는 도성제, 즉 도제(道諦)에 대해 알아보자.

도성제는 괴로움의 소멸에 이르는 길, 그 길에 대한 진리를 이야기한다. 현실적으로 보았을 때, 우리에게 가장 중요한 답이 여기 담겨 있다고 할 수 있다.

"무엇이 괴로움의 소멸에 이르는 길입니까?"
"그것은 바로 여덟 가지 바른 길이다.
바른 견해, 바른 생각, 바른 말, 바른 행동,
바른 생활수단, 바른 정진, 바른 마음챙김, 바른 집중이다."
– 『맛지마니까야』 141

# 괴로움의
# 소멸에 이르는 길

---

괴로움의 소멸에 이르는 길이라면, '그거 뭐 쉽지, 괴로움의 원인만 제거하면 될 것 아닌가?'라고 생각한다. 그런데 도성제에서는 단순히 번뇌의 소멸만을 이야기하지 않는다. 생애 전반에 걸쳐 수행해야 할 내용을 모두 포함하고 있다. 우선 부처님의 말씀부터 들어보자.

부처님께서는 "괴로움의 소멸로 이르는 길에 대한 거룩한 진리는 이와 같다. 그 길은 바로 여덟 가지 바른길이다."라고 하셨다. 도성제는 삶에서 괴로움을 없애는 방법, 곧 멸성제로 가기 위한 방법을 말하는데, 그 길에는 여덟 가지가 있다는 것이다. 바른 견해, 바른 생각, 바른 말, 바른 행동, 바른 생활수단, 바른 정진, 바른 마음챙김, 바른 집중이 그것이다. 괴로움의 원인을 알았고, 그 원인을 없애고 난 다음의 상태를 알았고, 그다음에 그 원인을 없애는 방법에 대해서 이야기하는 것이다. 이것을 불교에서는 '팔정도(八正道)'라고 한다.

| 팔정도 | 여덟 가지 바른 길 |
|---|---|
| 정견(正見) | 바른 견해 |
| 정사유(正思惟) | 바른 생각 |
| 정어(正語) | 바른 말 |
| 정업(正業) | 바른 행위 |
| 정명(正命) | 바른 생활수단 |
| 정정진(正精進) | 바른 정진 |
| 정념(正念) | 바른 마음챙김 |
| 정정(正定) | 바른 집중 |

『쌍윳따니까야』에 근거해서 말하자면 이러하다.

## 1 정견

우선 '바른 견해', 정견(正見)이라고 하는 것은 지금 이야기하고 있는 이 사성제를 명확히 이해하는 것을 말한다. 고·집·멸·도를 이해함으로써 얻게 되는 지혜를 강조하는 것이다.

생각해 보라. 사성제는 모든 것을 담고 있다. 이것만 알면 기본적으로 세상의 실상을 알게 된다. 지혜로운 눈으로 보아 사실판단이 제대로 이루어지면 당연히 '바른 견해'가 성립될 것이다. 세상이 어떻게 돌아가는지 먼저 제대로 알라는 말씀이다. 『맛지마니까야』에도 "너희들은 오랫동안 괴로움에서 벗어나지 못했는데, 그것은 사성제를 모르기 때문"이라는 구절이 있다. 정견은 사성제를 올바로 아는 것에서 시작한다.

올바른 세계관과 올바른 인생관을 정립하여 지혜의 눈으로 세상을 보라. 우선 지혜의 눈으로 볼 때 세상은 고해(苦海)다. 고해인 줄 안다면 고해를 벗어날 길을 찾아가야 하지 않겠는가? 그 길을 알기 위해 원인도 파악하고, 벗어난 상태에 대해서도 인지하면서 수행해 가는 것이다.

## 2 정사유

두 번째, 바른 생각은 정사유(正思惟)라고 한다. 사성제에 대해 자세히 꿰뚫어 알게 되면 바른 생각은 자연스레 일어난다. 이것은 기본적으로 악한 행위를 하지 않으려는 생각, 남을 해치려는 생각을 하지 않는 것이다. 번뇌의 속박에서 벗어나려면 악의가 없어야 하고, 누군가를 해치려는 생각이 없어야 바른 사유라고 할 수 있다. 바른 견해를 바탕으로 바른 생각을 한다는 것은, 사성제에 관한 통찰로 생긴 지혜와 생각을 의미한다. 지혜를 토대로 하는 정견과 정사유는 자연스럽게 한 묶음으로 이해해도 좋겠다.

## 3 정어

세 번째는 바른 말, 정어(正語)다. 바른 말을 한다는 것은 일단 거짓이 없다는 이야기다. 거짓말하지 말고, 이간질하지 말고 험담하지 않는다면 일단 합격이다. 바르고 고운 말을 하라는 것은 형용사를 과하게 써서 예쁘게 표현하라는 뜻이 아니다. 악담이건 험담이건, 누구든 모였다 하면 떠들어대는 실없는 구업(口業)부터 습관에서 빼버리라는 이야기다.

되돌아 생각해 보시라. 우리는 아무 생각 없이 험담을 하는 습성이 있다. 확인되지 않은 이야기를 마치 눈으로 본 것처럼 떠들고, 잘 알지도 못하는 누군가를 모함하고 비하한다. 이것은 아주 나쁜 버릇이다. 그런데 험담을 계속 듣다 보면 나도 모르게 선입견이 생긴다. 다른 사람의 말을 확인도 없이 믿어버리는 것이다. 그러니 함부로 말하지 않으려면 '정어'를 늘 염두에 두고 살아야 한다. 입으로 짓는 구업은 항상 염두에 두고 언어습관을 고치려고 노력해도 겨우 고칠까 말까 한 악업(惡業)이다. 무엇보다 쓸데없는 말을 많이 하지 않아야 가능한 일이다. 남의 험담을 하려거든 아예 입을 열지 않는 것이 백배 낫다.

부처님은 라훌라(Rāhula, 라후라羅睺羅)에게 장난으로라도 거짓말하지 말라고 하셨다. 이때 라훌라를 일깨우는 이야기가 매우 감동적이다.

라훌라 존자는 아무것도 모르고 어린 나이에 일찍 출가했다. 그러니까 어려서부터 밀행제일(密行第一)로써 수행을 잘한 것은 아니라는 이야기다. 일찍 출가한 라훌라는 그저 장난꾸러기 소년이었을 뿐이다.

그러나 철부지 어린 시절에 그가 한 행동은 결코 승가에서 용납되지 않았다. 엄격한 계율을 어기는 것이었기 때문이다. 그래서 부처님은 그 나쁜 습관을 고쳐주고자 어린 라훌라에게 귀한 가르침을 주셨다. 먼저 물 대야에 물을 아주 조금 남기시고는 이렇게 말씀하셨다.

"라훌라야, 고의로 거짓말을 하는 것을 부끄러워할 줄 모르는 자에게 수행자의 덕성은 이와 같이 적다."

그리고 물을 쏟아버린 다음 이렇게 말씀하셨다.

"고의로 거짓말하는 것을 부끄러워할 줄 모르는 자에게 수행자의 덕성은 이와 같이 버려진다."

이 외에도 물그릇을 뒤집어엎으신 뒤의 가르침, 다시 바로 세우신 뒤의 가르침이 전해진다. 부처님은 라훌라에게 "거울에 비추어 생각해 보듯이 항상 자신을 거듭 비추어 본 다음에 말도 하고, 생각

도 하라."라고 하셨다. 모두 어린 라훌라의 잘못된 습관을 바로 잡으
려는 가르침이었다.

## 4 정업

네 번째, 바른 행위는 정업(正業)이라고 한다. 여기에서는 세 가지 바
른 행동을 주로 말한다. 첫째는 살아 있는 생명을 죽이지 않는 것[不
殺生]이고, 둘째는 주지 않는 것을 갖지 않는 것[不偸盜]이며, 셋째는
옳지 않은 상대와 성관계를 하지 말라[不邪婬]는 것이다.

생명을 죽이거나 해치지 말라는 '불살생(不殺生)' 항목은 살인은
물론이요, 동물에 대한 직접적인 살생까지도 금하는 것을 말한다. 나
아가 불살생으로부터 범위를 확대하여 생명존중을 강조하고, 누구
에게든 친절하게 자애로써 대할 것을 강조하는 것으로 이해된다. '불
투도(不偸盜)'는 도둑질로 인한 부당한 수입뿐만 아니라, 정당하지
않은 수입까지도 포함하여, 정당하게 얻은 것만을 가지는 것이다.

'불사음(不邪婬)' 조항은 기본적으로는 결혼한 사람이 배우자 이
외에 다른 사람과 성관계를 갖는 것을 금하는 내용이다. 부도덕한
관계를 맺지 않는 것이 부부 사이의 약속을 잘 지키는 것이며, 가정
을 지키는 바른 생활이다. 또 부부 사이라 하더라도 내 배우자가 원
치 않는 때에 일방적으로 관계를 요구한다든지, 지나친 욕망으로 비

정상적인 방법으로 욕구를 해소하는 것도 잘못된 것으로 본다. 뿐만 아니라, 남을 시켜 행하게 하거나 남의 행위를 보는 경우도 포함하여 부도덕한 것으로 보았다. 이 모든 것들이 다 배우자에게 상처를 입히고, 심하면 가정을 파탄에 이르게 만들기 때문이다. 이와 같이 세속에서 생활하는 사람들에게 있어 바른 행동은 불살생, 불투도, 불사음의 세 가지를 바탕으로 결정된다. 물론 출가한 스님들의 경우에는 이보다 훨씬 더 많은 제약이 따른다.

## 5 정명

다섯 번째는 바른 생활수단, 정명(正命)이다. 이것은 잘못된 방법으로 생계를 유지하지 않는 것을 말한다. 잘못된 방법이라 함은 남을 해치면서 돈을 버는 것을 말한다. 예를 들어 마약을 팔았다고 치자. 마약을 팔면 누군가는 중독이 될 것이고, 그 인생은 엉망이 될 것이며, 그의 가정 또한 망가질 것이다. 그런 식으로 남을 해치면서 얻은 수입으로 생계를 유지하는 것은 옳지 않다는 말이다. 이런 직업이 생각보다 많다. 도박장을 운영한다든지, 무기를 제조한다든지, 술을 판다든지 하는 등 남을 해롭게 하는 일들이 불교적 입장에서 보면 모두 나쁜 생업에 해당된다. 부도덕하고 그릇된 방법으로 생계를 유지하려 하지 말고, 건전한 방법으로 생계를 유지하라는 것이 바른 생활수단을 칭하는 '정명'이다.

앞서 정견과 정사유는 사성제를 아는 지혜를 바탕으로 한다고 했다. 계(戒)·정(定)·혜(慧) 삼학(三學) 중에서 '혜학(慧學)'에 해당한다고 생각하면 된다. 그다음으로 이어진 정어, 정업, 정명은 우리의 생활을 단정히 하는 것에 대해 말했다. 이것은 계율 생활을 바탕으로 한다. 바른 말과 바른 행위는 우리의 몸과 말로 짓는 업이기 때문에, 언제나 단정한 생활을 하라는 지침이다. 당연히 삼학 중에서 '계학(戒學)'에 해당한다.

## 6 정정진

여섯 번째는 바른 정진을 뜻하는 정정진(正精進)이다. 바른 정진은 나쁜 생각이 일어나지 않도록 하고, 부지런히 노력하는 것을 말한다. 우선은 싫다는 생각, 잡된 망상을 버려야 한다. 나에게든 남에게든 해로운 일이라면 멀리하고, 자신에게 유익한 일들, 선한 업을 쌓을 수 있는 일들을 해보자는 이야기다.

우리 마음에서 자주 일어나는 욕심이나 화, 질투 등은 마음속 깊이 뿌리내려서 쉽게 제거되지 않는다. 어두운 방에 불 밝히듯 경전 몇 번 읽는다고 될 일이 아니다. 꾸준히 수행하고 돌아보고 다시 반성하고 수행하기를 반복해야만 한다. 그래야 탁한 마음을 뿌리칠 용기가 생긴다.

평소에 게으르고 나쁜 길로 빠져 착하지도 않던 사람이 어머니가 돌아가시자 이제 정신 차리고 착하게 살겠다고 마음먹었다. 그런데 머리로는 그렇게 살기로 했는데, 정작 좋은 일을 좀 하려고 하면 귀찮은 생각이 먼저 든다. '어머니를 위해서라도 오늘부터 49일간 기도해야지.' 하고 마음먹었지만, 막상 기도하려고 하니 경전 한 권도 읽기가 싫어진다. 혹여 다니는 절의 스님이 절 기도를 좀 해보면 어떻겠느냐고 권하면 놀라서 '얼마나요?' '천 배나요?' '언제까지요?'라고 물으며 펄쩍 뛴다. 웃기지만 이런 사람을 실제로 봤다.

기본적으로 정진의 바탕에는 잡념이 끼지 않는 법이다. 마음이 흐트러지지 않으며, 오로지 부지런한 노력만이 있다. 바른 길로 향하는 노력이 정정진이며, 이것을 지속적으로 실행해 나가는 사이 수행의 자질이 갖추어지는 것이다. 따라서 여기에는 '하기 싫다.'는 마음이 끼어들 여지가 없다. 이 세상 어디에도 게으른 사람은 답이 없다.

## 7 정념

일곱 번째는 바른 마음챙김, 정념(正念)이다. 정념을 '바른 기억'으로 해석하기도 하고, '바른 알아차림'으로 해석하기도 한다. 여기서는 '바른 마음챙김'으로 하겠다.

부처님의 가르침과 계율 등등, 수행을 하는 이에게는 기억해야 할 것들이 많고, 그 기억을 통해 마음챙김 수행을 한다. 마음챙김 수행은 분명하게 알아차리되 불교의 지식과 지혜를 바탕으로 바른 알아차림이 일어나도록 하는 것을 말한다. 그냥 '그런가 보다.' 하는 대충의 느낌을 말하는 것이 아니라, 명확하게 그 상태를 직시하여 알라는 것이다. 지금 하고 있는 일이나 호흡에 대한 집중뿐만 아니라, 현재 자신의 상태를 아는 것이 중요하다는 말이다. 즉 누군가를 엄청 시기하고 있다면 그 상태를 알고, 누군가를 좋아하고 있다면 그 마음이 지나쳐 집착하고 있음을 알라고 말한다. 순간순간 자신의 마음 상태를 명확하게 알아차리되, 무상한 삶의 지혜 위에서 철저히 꿰뚫어 알아차리라는 것이다. 이것이 바른 마음챙김이다.

마음챙김 수행을 위해 경전에서는 사념처(四念處) 수행을 권한다. 사념처 수행은 신(身)·수(受)·심(心)·법(法)의 네 가지에 관한 수행이다. 즉 '몸과 느낌과 마음과 현상'에 대해 관찰하고 알아차리는 수행법이다. 몸과 마음에서 일어나는 현상들을 계속해서 주시·관찰하고 집중함으로써 번뇌 망상에서 벗어나게 된다는 원리다. 이 수행법을 통해서 사물의 실상을 꿰뚫어보는 사성제의 진리를 알게 된다. 즉 사념처 수행을 통해 열반을 성취하는 것이 최종목표인 셈이다. 그럼 그 내용에 대해 구체적으로 알아보자.

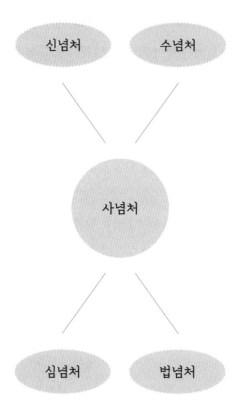

① **신념처**

먼저 신념처(身念處)는 사대(四大)로 이루어진 우리 몸에 대해 관찰하는 것이다. 불교에서는 우리 몸이 지(地)·수(水)·화(火)·풍(風)으로 이루어졌다고 본다. 즉 땅의 성질, 물의 성질, 불의 성질, 바람의 성질로 이루어졌다는 것이다. 몸 안의 뼈나 살은 땅의 성질을 가진 지대(地大)다. 피나 눈물, 콧물은 다 물의 성분인 수대(水大)이며, 따뜻한 온기는 화대(火大), 움직이게 하는 활동성은 풍대(風大)다. 이러한 지·수·화·풍의 사대가 인연에 의해 결합되어 각자 업력에 따라 때로는 여자로, 때로는 남자로, 우리의 육신을 이루었다는 말이다. 형상이 있는 모든 것들도 결국은 지·수·화·풍의 사대가 모인 것이라고 이해하면 된다.

신념처 수행은 기본적으로는 몸의 더러움에 대해 관(觀)하며, 우리 몸이 가진 본성과 주요 역할 등에 대해 관찰하는 것이다. 우리는 아침마다 거울을 들여다보면서 잘생겼건 못생겼건 나름대로 꾸민다. 그렇게 꾸민 이 몸뚱아리에 뭐가 들어 있을까? 무엇으로 이루어져 있을까?

인정하고 싶지 않지만, 사실 사대로 이루어진 우리의 몸은 살아가는 동안 생기는 온갖 병과 상처의 번식처일 뿐이다. 객관적 사실로써 바라본 인체의 기능이 그러하다는 이야기다. 제아무리 맛있는 음식도 과하게 먹으면 체하고 병이 난다. 또한 어떤 좋은 음식도 배설물로 나올 때는 악취가 나기 마련이다. 음식이 맛이 있건 없건 마찬가지다. 강물이건 계곡물이건 바다로 흘러 들어가면 다 똑같이 짠 것과 같은 이치다.

좋은 음식 먹고, 예쁜 옷을 입고, 비싼 집에 살면서 고급 차를 타도, 몸과 마음의 고통은 수시로 찾아온다. 어느 것에도 만족할 수 없게 되고, 그저 탐욕이 지향하는 것을 채워가기 위해 발버둥 치며 힘들게 살아가는 것이 인간의 삶이다. 그러니 우리는 신체를 구성하는 다양한 요소들을 전체와 부분까지도 잘 관찰하고, 호흡에 집중하며 편안하게 수행을 유지해 나가야 한다. 이것이 '신념처' 수행이다.


② **수념처**

다음은 수념처(受念處)이다. 흔히 우리는 대상에 따라 좋고 싫은 느낌을 만들어내고, 온갖 감정에 휩싸여 번뇌를 키우고, 갈등을 일으킨다. 왜 그렇게 좋은 것도 많고, 싫은 것도 많은지 모르겠다. 사람에 대해서건 물건에 대해서건 분별심이 차고 넘친다. 그리하여 좋고 싫은 느낌으로 인해 발생한 감정에 집착까지 덤으로 생긴다.

수념처 수행은 특히 괴로움의 느낌[苦受]과 즐거움의 느낌[樂受], 괴롭지도 즐겁지도 않은 느낌[不苦不樂受]에 대해 느껴지는 대로 관찰하는 수행을 말한다. 금세 사라질 무상한 느낌뿐만 아니라, 고통스런 결말을 만들어내는 감정의 씨앗까지도 관찰함으로써 집착을 키우지 않는 것이다. 따라서 수념처 수행은 좋고 싫은 감정에 집중하는 것을 멈추게 한다. 느낌과 감정이 곧 자기 자신이라든지, 자기 것이라고 고집하지 않도록 만들어주는 수행법이다.

### ③ 심념처

마음에 대해 관찰하는 심념처(心念處)와 현상에 대해 관찰하는 법념처(法念處)도 마찬가지다. 수행을 통해 순간 일어난 갈애를 '우선 멈춤'의 상태에 이르게 한다. 마음은 과거의 마음도 미래의 마음도 관찰할 수 없다. 다양한 조건들에 의해 마음이 일어났다가 다시 사라지는 매 순간순간을 알아차릴 뿐이다.

### ④ 법념처

법념처(法念處) 수행은 우리를 괴롭히는 마음과 일어나고 있는 현상들의 무상함을 관찰하는 것이다. 신·수·심·법의 사념처 수행이란 결국 이 세상을 이루고 있는 수많은 사물과 현상을 대할 때 매 순간 그것이 일어나고 사라지는 생멸의 이치를 끊임없이 통찰하는 수행을 말한다.

# 8 정정

여덟 번째는 바른 집중, 정정(正定)이다. 감각적 쾌락과 바람직하지 못한 모든 것에서 벗어나 있는 고요한 상태를 말한다. 홀로 명상함에서 오는 적멸의 기쁨이 있는 선정, 그 선정에 머무는 것이다.

여기서는 사선정(四禪定)을 설명한다. 다시 말해서 바른 집중에서 얻어지는 선정은 곧 사선정을 닦는 것을 이야기한다. 수행자가 고요하게 앉아서 집중하고 알아차림을 통해서 갈 수 있는 네 단계의 선정이 그것이다. 초선(初禪)은 애욕을 떠남으로써 기쁨과 안락이 있는 상태고, 제2선은 마음이 고요하고 한곳에 딱 집중해서 얻는 안락과 기쁨이다. 제3선은 평온하고 알아차리기와 분명한 앎을 지니고 안락에 머무는 상태이며, 제4선은 평온과 알아차리기로 청정해진 상태를 말한다. 비슷한 듯 보이지만 조금씩 달라지고, 단계가 높아질수록 맑고 청정하여 고요한 상태로 가게 된다.

여기까지가 고·집·멸·도의 네 가지 진리로 구성된 사성제다. 특히 도성제 안에 팔정도가 들어 있음을 잘 알아야 한다. 석가모니 부처님께서 성도하신 후에 자신의 수행을 점검하고 고찰해서 설한 것이 '연기법'이라면, '사성제설'은 연기설을 알기 쉽게 체계를 세운 법문이라고 할 수 있다. 연기설이 이론적이라면, 사성제는 체계적이면서도 실천적인 것이다. 왜냐하면 실천행인 팔정도가 들어 있기 때문이다. 괴로움을 없애고 행복으로 가기 위해서는 바로 무엇보다 팔정도를 생활에서 실천해야 한다.

부처님께서 "비구들아, 예나 지금이나 내가 가르치는 것은 단지 괴로움과 그 괴로움의 소멸일 뿐이다."라고 말씀하셨듯이, 불교는 '괴로움'에서 시작해서 결국에는 그 '괴로움의 소멸'을 이야기한다. 그리고 괴로움의 소멸 상태를 열반이라 칭한다.

괴로움에서 열반으로 나아가는 그 길이 바로 사성제다. 모든 동물의 발자국이 아무리 크다 해도 코끼리의 커다란 발자국 안에 다 들어오듯이, 모든 가르침은 다 사성제 안에 포함된다고 했다. 사성제 안에 삼법인도 들어 있고, 팔정도도 들어 있고, 중도도 들어 있고, 연기법도 들어 있다. 결국 사성제를 바르게 아는 것으로써, 우리는 괴로움에서 열반으로 가는 발걸음을 떼는 것이다.

# 간단하게 보는 부처님 생애

## 부처님 오신 날

부처님은 기원전 6세기, 북인도의 카필라성에서 석가족 왕자로 태어났다. 아버지는 숫도다나 왕(Suddhodana, 정반왕淨飯王), 어머니는 마야(Maya, 摩耶)부인이었다. 어머니 마야부인은 아들을 낳고 일주일만에 세상을 떠났다. 『화엄경』에 보면 53선지식 가운데 마야부인이 나오는데, 마야부인은 이 땅에 부처님이 오실 때마다 부처님을 잉태하신다고 한다.

숫도다나 왕은 '모든 것을 성취한 자'라는 의미로 아들의 이름을 '싯다르타(ⓢ Siddhārtha)'라고 지었다. 예언자 아시타 선인은 장차 아이가 출가하면 부처님이 될 것이요, 왕위를 받으면 전륜성왕(轉輪聖王)이 될 것이라고 했다. 아들이 출가할까 걱정이 된 왕은 왕자를 위해 계절별로 별장을 지어주고 좋은 것만 보고 살 수 있도록 신경을 썼다. 왕궁에는 병들고 늙어 추한 사람의 출입도 금하였다. 화려한 음악과 꽃, 맛난 음식, 아름다운 이들만이 왕자 곁에 있었다.

### 삶에 대한 고민

아무리 감추어도 세상을 다 가릴 수는 없는 법이다. 왕자는 기어코 감추어진 세상을 보았다. 늙음과 병듦, 죽음을 마주한 것이다. 경전에서는 이것을 '사문유관(四門遊觀)'이라고 표현했다. 17세가 되던 해, 왕궁을 벗어난 왕자는 동문 앞에서 늙은 노인을 보게 되었다. 어느 날엔 남문 앞에서 병에 신음하는 환자를 보았고, 서문 앞에서는 장례 행렬을 보았다. 왕자는 큰 충격을 받았고, '왜 인간은 늙고, 병들고, 죽어야 하지?' 고민하기 시작했다. 그러던 중, 북문을 나서다가 초라하지만 맑은 모습을 한 수행자를 보게 된다. 왕자는 수행자에게 물었다. "당신은 누구십니까?" 그러자 수행자는 말했다. "저는 해탈하고자 하는 수행자입니다. 세상의 모든 고통과 죽음을 해결하는 것이 저의 목표입니다." 그 말을 듣고 왕자는 결심한다. '내가 갈 길이 수행자의 길이구나.'

## 궁을 버리고, 인연도 버리고

드디어 결심한 것을 실행에 옮긴 날, 부처님은 부모님의 반대를 무릅쓰고 성을 나섰다. 문헌에 따라 조금씩 차이가 있지만, 대체로 부처님은 29세에 출가한 것으로 알려져 있다. 출가(出家, pravrajyā)란 본래 '집으로부터 집이 없는 상태로 나아가는 것'을 의미한다.

부처님은 홀로 출가하여 '알라라 깔라마(Āļāra Kālāma)와 웃다까 라마뿟따(Uddaka Rāmaputta)'라는 당시 유명한 두 스승을 찾아갔다. 이들에게서 각각 '무소유처정(無所有處定)'과 '비상비비상처정(非想非非想處定)'의 높은 경지까지 배우지만, 그것이 다가 아님을 알고 네란자라 강가의 고행림으로 홀로 떠난다. 그곳에는 다섯 수행자가 수행하고 있었다.

부처님은 그곳에서 6년이 지나도록 극단적인 고행을 닦았다고 한다. 그럼에도 불구하고 깨달음을 얻지 못하였다. 뭔가 자신의 수행에 문제가 있음을 알게 된 부처님은 강물에 몸을 씻고 수자타의 유미죽 공양을 받아 기력을 회복했다. 이를 본 다섯 고행자들은 부처님을 비난하며 떠났다.

## 깨달음을 이루던 날 밤

부처님은 자신의 수행을 처음부터 다시 점검해 보았다. 그러자 어렸을 때 부왕을 따라 농번기 행사에서 경험했던 선정체험이 떠올랐다. 그것을 바탕으로 고행이 아닌 새로운 방법으로 번뇌를 소멸시켰다. 사선정(四禪定) 수행이 그것이다.

부처님은 '연기법'을 깨달았고 '사성제'를 통찰했다. 그리고 모든 번뇌를 소멸시켰다. 『사분율』에 의하면, 부처님은 '숙명통(자신의 전생을 앎), 천안통(남의 전생과 내생을 앎), 누진통(모든 번뇌를 소멸)'이 열리면서 깨달았다고 한다. 깨달음을 얻던 날 저녁에 이미 사선(四禪, 들숨과 날숨의 출입이 사라지는 경지)에 올랐는데, 그때 숙명통을 얻어 무수한 전생을 보게 되었다. 다시 정신을 집중하자 다른 생명의 전생과 내생이 모두 보이며 천안통이 열렸다. 그리고 새벽이 되어 누진통이 열리면서 사성제에 대한 통찰이 생겼고, 모든 번뇌가 다 사라지며 스스로 깨달았다는 사실을 자각했다고 한다. 비로소 부처가 된 것이다.

사실, '부처'라는 표현은 석가모니 부처님만을 뜻하는 호칭이 아니다. '부처'의 본래 표현인 산스크리트어 '붓다(buddha)'는 '깨달은 자'를 뜻하는 단어로, 깨달음을 얻는다면 누구든 '부처'가 될 수 있다. 여기서는 이해를 돕기 위해 왕자 시절이나 수행자 시절에도 '부처님'이라고 칭하였다.

### 전도의 첫걸음

깨달음을 얻은 부처님은 미가다야(Migadāya, 녹야원 鹿野園)에서 수행하던 다섯 수행자를 찾아가 처음으로 법을 설하셨다. 이를 초전법륜(初轉法輪)이라 한다. 그 설법으로 안냐따꼰단냐(Aññatakoṇḍañña, 교진여憍陳如)를 비롯한 다섯 수행자가 아라한이 되었고, 부처님을 스승으로 모시는 승가가 최초로 성립했다. 그 후, 야사(Yasa, 耶舍)와 54명이 젊은 청년들이 부처님의 설법을 듣고 출가하여 아라한이 되었다.

『마하박가』에 의하면, 부처님은 제자들에게 이렇게 말씀하셨다.

"비구들아.
나는 하늘과 인간의 모든 그물을 벗어났다.
그대들도 천신과 인간의 모든 그물을 벗어났다.
비구들아. 길을 떠나라.
중생의 이익을 위하여,

중생의 안락과 행복을 위하여,

세상과 모든 존재에 대해 자비심을 가지고

인간과 천신의 안락과 행복을 위하여 길을 떠나라.

두 사람이 한 길을 가지 마라.

비구들아. 처음도 좋고, 중간도 좋은,

바른 뜻과 의미를 갖춘 문장으로 법을 설하라.

아주 원만하고 청정한 수행자의 삶을 보여주어라.

세상에는 마음에 먼지와 때가 덜 낀 자도 있다.

그들은 가르침을 듣지 못했기 때문에 멀어졌지만,

만일 그들이 법을 듣는다면 잘 알아듣게 되리라.

비구들아. 나도 또한 법을 설하기 위해

우루웰라(Uruvelā)의 세나니(Senānī) 마을로 가리라."


이것이 그 유명한 '전도선언'이다. 당시 우루웰라에는 불을 섬기는 이교도들이 많았다. 깟싸빠(Kassapa) 삼형제가 이끌고 있었는데, 각각 500명, 300명, 200명을 이끌고 부처님께 귀의하였다. 그 후 산자야(Sañjaya)의 제자였던 사리뿟따(사리불)와 목갈라나(목련) 존자가 250명을 데리고 부처님께 귀의하면서 전도선언 이후 불교 교단은 급속도로 커졌다.

### 3개월 후 입멸에 들리라

부처님은 45년 동안 쉼 없이 중생들을 제도하셨다. 부처님과 승가 교단은 북인도 최대의 종교로 성장했다. 그러나 부처님도 연로해지셨다. 80세가 되었을 때, 부처님은 마지막 여행을 떠나게 된다. 이 내용은 『대반열반경』에 자세히 나온다. 부처님이 열반에 들기 전 3개월에 걸친 여정이 여기 담겨 있다. 부처님은 3개월 전에 열반에 들 것을 미리 예언하셨는데, 특히 아난다 존자에게 하신 말씀은 마음을 아프게 한다.

> "아난다야, 나는 이제 늙어 삶의 마지막 단계에 이르렀다. 내 나이 이제 80이 되었구나. 마치 낡은 수레가 가죽끈의 힘으로 가듯이 여래의 몸도 가죽끈의 힘으로 가는 것 같구나. 아난다야, 눈에 보이는 어떤 것에도 주의를 기울이지 않고 모든 느낌들을 소멸하여 여래는 항상 형상을 떠난 집중에 머문다. 오직 이때 여래의 마음은 더욱 안온하다. 그러므로 아난다야, 자신을 섬으로 삼고 자신을 귀의처로 하고, 다른 것을 귀의처로 삼지 말라. 가르침을 섬으로 하고, 가르침

을 귀의처로 하고, 다른 것을 귀의처로 삼지 말라."

이러한 말씀 후 여행 중에 대장장이 아들 쭌다(Chunda)의 공
양을 받으시고 몹시 앓게 되었다. 극심한 고통을 감내하면
서도 부처님은 마지막 열반지인 쿠시나가라를 향해 가셨다.
그곳의 사라나무 숲에서 수밧다(Subhadda)를 마지막 제자로
받으시고, 제자들에게 유훈을 전하셨다.

"모든 형성된 것들은 다 소멸한다.
그러니 방일하지 말고 부지런히 정진하라."

인천(人天)의 스승이신 부처님은 열반에 드셨다. 많은 이들
이 슬퍼하는 가운데, 상수제자인 마하깟사빠(Mahākassapa, 마
하가섭摩訶迦葉) 존자가 돌아온 후 다비식이 열렸다. 이후 부처
님의 사리는 각 나라로 나누어져 사리탑이 세워지게 되었다.

연
기

연
기

---

**좋고 싫음의 관계**

부처님은 연기의 법칙을 바탕으로
우리의 몸과 마음이 어떻게 형성되었는지,
어떻게 고통이 만들어졌는지
그 인과관계를 설명한다.
모든 현상이 일어나고 소멸하는 것을
공식화한 것이다. 연기법은 모든 존재가
서로서로 원인과 조건에 의지하여 생겨나고
사라진다는 '관계성'을 세우는
법칙이라고 할 수 있다.

# 세상의 이치를
## 꿰뚫어 알면

---

나는 가끔 편안하게 돌아갈 곳이 있으면 좋겠다고 생각한다. 돌아가면 따뜻하게 맞이해 줄 사람이 있다면 얼마나 좋을까 하고 말이다. 출가하여 늘 개인적인 삶을 추구했기에 그런 인연을 별로 지어놓질 못했다. 하여 고단한 삶의 무게를 지탱하며 홀로 걸어간다고 느낄 때가 많다. 그렇기 때문에, 불교의 가르침이 좋다. 특히나 인연 화합의 원리는 지구 끝 제아무리 먼 곳으로 달아나 숨으려 해도 끝내 찾아내어 빚 독촉하듯 인과의 결과를 눈앞에 들이댄다. 그 무서운 '연기(緣起)'의 법칙이 참으로 싫지만, 외려 그래서 더 좋다.

연기란 '연(緣)하여 일어난다', '의존에서 발생한다', '말미암아 일어난다'는 있는 그대로의 사실을 말한다. 원인 없는 결과란 있을 수 없다. 모든 존재의 상호의존성을 뜻하는 개념이다.

부처님은 "이것이 있으므로 저것이 있고, 이것이 발생하므로 저것이 발생한다. 이것이 없으므로 저것이 없고, 이것이 소멸하므로 저것 또한 소멸한다."는 유명한 명제를 남겼다. 너무나 당연한 이치지만, 이 당연한 이치를 우리는 곧잘 외면하고 잊어버린다. 세상에 존재하는 모든 것들, 모든 상황, 모든 현상은 어떠한 조건에 의존해서 발생하고, 어떠한 조건에 따라서 소멸한다. 그 결과물을 바탕으로 해서 다른 것이 생기고, 다시 또 다른 것이 소멸한다. 결과물을 바탕으로 다른 것이 생성되고, 계속해서 무언가 결과물을 원인으로 삼아 다시 일어나고 소멸하기를 반복한다.

즉 원인이 있어서 결과가 생기고, 결과가 있어서 다시 원인 제공을 한다는 이야기다. 모든 결과물은 원인이 된다. 모든 것이 동시에 상호의존적인 관계를 통해, 여러 조건의 화합에 의해 일어나고 사라진다는 것이 바로 '연기'의 법칙이다

이것이 있으므로 저것이 있고
이것이 생기므로 저것이 생긴다.
이것이 없으면 저것이 없고
이것이 사라지면 저것이 사라진다.

此有故彼有 (차유고피유)

此起故彼起 (차기고피기)

此無故彼無 (차무고피무)

此滅故彼滅 (차멸고피멸)

『상응부경전』을 보면 사리뿟따 존자가 친구에게 비유를 들어 '연기'에 대해 설명하는 이야기가 나온다. 이 비유를 '짚단의 비유', 또는 '갈대 묶음의 비유'라고 한다. 사리뿟따 존자는 갈대 단을 땅 위에 세우려고 할 때, 서로 의지해야 세울 수 있는 것으로 설명한다. 자, 그럼 사리뿟따 존자의 설명을 들어보자.

"벗이여! 여기 두 묶음의 갈대 단이 있다고 하자. 이 갈대 단은 서로 의지하고 있을 때는 서 있을 수가 있다. 즉 이것이 있음으로 저것이 있는 것이며, 저것이 있기에 이것이 있는 것이다. 그러나 만약 두 묶음의 갈대 단 중 어느 하나를 치운다면 다른 갈대 단도 쓰러지고 만다. 이처럼 이것이 없으면 저것도 없는 것이며, 저것이 없으면 이것도 없는 것이다."

서로가 서로를 의지하여 존재한다는 것을 이렇게 비유를 들어 설명한 것이다. 이와 유사한 비유로 사람 '인(人)' 자를 들기도 한다. 이 한자는 마치 저 갈대 단의 모습을 연상시킨다. 한쪽 삐침이 다른 삐침을 지탱하지 않고서는 설 수 없다. 그 모양이 마치 더불어 살아가는 인간의 삶과 유사하게 보인다.

이렇게 상호의존성이 담긴 연기의 법칙을 바탕으로 불교는 모든 것을 설명한다. 불교 교리와 철학, 보살행까지도 연기법에 기초하여 설명하고 있다. 또한 내가 느끼는 수많은 감정들도 인연 따라 발생하고, 수많은 지식과 인지능력, 고민조차도 상호의존적으로 발생한다. 좋은 게 있으면 싫은 것도 있고, 평등이 있으면 불평등도 있게 마련이다. 내가 한 행동의 선악 여부에 따라 좋고 나쁜 결과가 나타나는 것까지 모두 인과응보의 법칙인 연기를 기반으로 한다. 이러한 연기법을 철저히 받아들이고 삶에 적용함으로써 우리는 괴로움의 주범인 번뇌를 녹일 수 있다. 그래서 연기법을 아는 것이 중요하다.

『중론(中論)』을 보면 "깨끗함에 의존하지 않고는 더러움이 없다. 깨끗함에 의존하여 더러움이 생기나니, 그러므로 더러움 또한 없다."라는 구절이 있다. 좋거나 싫은 감정이나 깨끗하고 더럽다는 생각 모두 서로를 의지해서 일어난다. 반대로 한쪽이 사라지면 다른 한쪽도 자연스레 사라지게 된다. 연기법이란 이렇게 상대적인 것이다.

이렇게 부처님께서 깨달음을 통해 천명한 연기법은 다른 누군가가 만들어낸 법칙이 아니다. 부처님이 깨달은 연기법은 그저 세상의 이치를 꿰뚫어 통찰해서 발견한 것이다. 다른 누군가의 창조도 아니요, 조작도 아니다. 부처님은 『아함경』에서 이렇게 말씀하셨다.

"연기법은 내가 만든 것도 아니고, 다른 사람이 만든 것도 아니다. 그것은 여래가 세상에 출현하든 안 하든 항상 법계에 있었다. 여래는 다만 이것을 스스로 깨달아 정각(正覺)을 이룬 뒤, 여러 중생들을 위해 분별하여 설하고 드러내 보일 뿐이다. 이것이 있으므로 저것이 있고, 저것이 일어나므로 이것이 일어난다는 것이다."

# 십이연기에 대한
# 이해

---

6년이라는 시간 동안 단식과 고행으로 극도로 병약해진 부처님은 자신이 육체적으로든 정신적으로든 균형을 잃어버렸다는 사실을 알게 되었다. 목마름과 굶주림으로 인해 몸은 망가졌으며, 정신은 맑지 못했고, 선명하지도 명확하지도 않은 힘겨운 고행을 계속해 왔다는 것을 말이다. 고행에 지쳐 회의에 빠진 부처님은 드디어 결단을 내린다.

"이렇게 몸과 마음이 조화롭게 어우러지지 않고 행복하지 않은 사람이 어떻게 해탈을 얻겠는가? 완전한 행복은 다섯 감각기관(몸)이 편안해질 때 얻어진다. 깊은 삼매는 잘 균형 잡힌 평온한 상태에서 얻어지고, 그 깊은 삼매로부터 최상의 평화를 얻게 되는 것이다."

- 『붓다짜리따』 12장

이렇게 생각한 부처님은 고행을 그만두고 음식을 드신 뒤 몸의 기운을 회복하였다. 몸이 컨디션을 되찾자 마음도 맑아지고 편안해졌다. 그리고 다시 깨달음을 향한 단호한 결심을 하고 보리수 아래 앉았다.

"존재하는 모든 것들은 태어나서 늙고 병들어 죽는다. 그리고 끊임없는 윤회에서 헤매면서 괴로워한다. 사람의 눈은 욕망과 어두움에 가려져 앞을 보지 못하기 때문에, 윤회에서도 벗어나지 못하는 것이다."

- 『율장대품』

여기까지 생각한 부처님은 인간과 우주의 실상을 자세하게 관찰하기 시작했다. 그 상황으로부터 탄생한 것이 바로 연기의 법칙이다. 말하자면 부처님께서 깨달음을 얻은 내용이 연기법(緣起法)인 것이다. "연기를 보는 자 법을 보고, 법을 보는 자 연기를 본다."라고 말씀하셨을 정도다. 연기를 깨닫는 것이 곧 깨달음의 척도임을 밝힌 것이다.

연기의 법칙에는 몇 가지가 있지만, 가장 적절하게 인용되고 있는 것이 '십이연기(十二緣起)'다. 열두 가지 원인과 결과가 계속 이어지며 인과관계를 증명해 보여준다.

십이연기를 순차적으로 나열하면 이러하다. 무명(無明)으로 말미암아 행(行)이 있고, 행으로 말미암아 식(識)이 있고, 식으로 말미암아 명색(名色)이 있고, 명색으로 말미암아 육처(六處), 그러니까 육입(六入)이 있고, 육입으로 말미암아 촉(觸)이 있고, 촉으로 말미암아 수(受)가 있고, 수로 말미암아 애(愛)가 있고, 또 애로 말미암아 취(取)가 있고, 취로 말미암아 유(有)가 있고, 유로 말미암아 생(生)이 있고, 생으로 말미암아 노사(老死), 우, 비, 고뇌가 생긴다. 이리하여 모든 괴로움이 생긴다.

부처님은 이러한 연기의 법칙을 바탕으로 우리의 몸과 마음이 어떻게 형성되었는지, 어떻게 고통이 만들어졌는지 그 인과관계를 설명한다. 모든 현상이 일어나고 소멸하는 것을 공식화한 것이다. 모든 존재가 서로서로 원인과 조건에 의지하여 생겨나고 사라진다는 '관계성'을 세우는 법칙이라고 할 수 있겠다.

부처님은 우선 우리 앞에 닥친 문제부터 직시한다. 즉 늙음과 죽음이 어디에서 오는지부터 관찰하기 시작했다. 깊은 사유 끝에 얻어진 것은 '태어남'이 있기 때문이라는 결론이었다. 태어남은 업의 결과인

십이연기의 역관

'존재'가 있기 때문이고, 그 존재는 '집착'에서 온다. 집착은 '갈애'에서 오며, 갈애는 '느낌'에서 온다. 느낌은 '접촉'에서 오며, 접촉은 여섯 가지 '감각기관'인 안·이·비·설·신·의에서 온다. 감각기관은 '이름과 형상'에서 오고, 이름과 형상은 '의식작용'에서 온다. 의식작용은 업에 의한 '형성'에서 오며, 형성은 '어두운 어리석음'에서 온다.

　이제 이것을 이해하기 쉽게 나의 방식대로 설명해 보겠다.

　십이연기의 각 항은 윤회의 생존을 구성하는 부분이다. 더 정확하게 말하자면, 지금 우리는 태어남[生]과 죽음[死]의 중간 어디쯤에 있다. 약간의 나이 차이는 있으나, 누구든 태어나서 나이를 먹고 늙고 병들어 죽어가는 과정[老死] 중에 있다. 그런 고단한 삶의 한가운데 서 있기 때문에, 무상한 삶을 괴로워하며 인생을 바라보게 되는 것이다.

　그러면 왜 이토록 괴로운 인생길 위에 서 있는 것일까? 그것은 바로 '나'라고 하는 존재가 생명을 가지고 이 세상에 태어났기 때문이다. 아버지 반쪽, 어머니 반쪽으로부터 새로운 생명을 부여받아 이 땅에 태어났으므로, 더러는 눈물도 흘리며 살아가는 것이다. 이 땅에 태어난 것을 많은 이들이 축복해주지만, 그 사랑의 결실에는 많은 아픔과 고통을 동반한다.

　그럼 왜 태어나게 된 것일까? 어떻게 해서 탄생이 이루어진 것일까? 살펴보니 '씨앗'이 있더라는 것이다. 그냥 씨앗이 아니라, 업(業)을 가진 상태의 존재(씨앗)다. 사과나무에 사과가 열리고, 그 속에 사과 씨앗이 있는 것과 마찬가지다. 망고나무에 망고가 열리고, 그 망고 안에 커다란 망고 씨가 있는 것과 같다.

이렇게 나무에도 종류마다 각각의 씨앗이 있는 것과 같이, 인간에게도 각기 종자가 되는 업의 씨앗이 있다. 그것을 자세히 찾아보니 아버지의 씨앗과 어머니의 씨앗이 있었다. 그 존재의 씨앗을 우리는 '유(有)'라고 한다. 내가 선택한 인연의 소산이 바로 '유'인 셈이다.

그럼 그 존재의 씨앗은 어떻게 생겼을까? 아버지와 어머니가 서로를 원하여 취했기 때문이다. 정자와 난자가 만나 거기에서 나라고 하는 새로운 '씨앗'이 발생했다. 말하자면 서로를 취(取)한 결과물인 것이다. 서로에 대한 애착으로 인해 만들어지게 되었다.

그럼 두 분은 왜 서로를 원하게 되었을까? 서로에게 반해 집착하고 사랑했기 때문이다. 사랑하는 사람을 원하여 품고 싶은 것은 당연해 보이는 인간의 욕망이다. 채워도, 채워도 풀리지 않는 인간의 근원적 욕망인 '갈애(渴愛)' 말이다. 그런 사랑(갈애)과 애정으로 인해 결실을 맺는 것은 아주 명료한 인과의 원리다. 또한 사랑해서 원하고 집착하여 서로를 취했다면 다행한 일이다. 혹여 원치 않은 결과로써 씨앗이 생겼다면, 그것은 불행한 일이 될 가능성이 높다.

사랑해서 원하던 아이가 생겼다 치자. 그럼 두 분은 어떻게 해서 사랑에 빠졌을까? 우선 서로에 대한 '느낌'이 좋았을 것이다. 좋고 싫고의 감정이 모두 이 느낌에서 비롯된다. 느낌이 좋아야 또 만나고 싶은 생각이 들고 자주 봐야 정도 쌓일 테니, 일단은 기분이 좋아지는 느낌이었을 것이다. 모든 욕망에 대한 갈증은 다 이 '좋은 느낌'에서 온다.

그럼 두 분은 어떻게 좋은 느낌을 가졌을까? 접촉[觸]을 통해 들어오는 마음작용이 좋게 유지되어서다. 외모가 맘에 들었거나 목소리가 좋았거나 향기가 좋았거나 하는 등 첫인상이 좋았을 수도 있다. 어머니에게 아버지를 처음 만났을 때 어땠는지 물어보면 목소리가 굴뚝같아서 너무 좋았다고 말하기도 하고, 아버지에게 어머니와의 만남을 물어보면 웃는 모습이 수선화처럼 수줍게 예뻤다고 말하기도 한다. 이와 같이 좋은 느낌을 받아들이려면 접촉이 필요하다. 대상과의 접촉이 느낌을 만들어낸다.

그럼 그런 좋은 느낌의 접촉은 어떻게 일어나는가? 우리의 몸과 마음을 통해 일어난다. 무엇이든지 '안(眼)·이(耳)·비(鼻)·설(舌)·신(身)·의(意)'라고 하는 여섯 가지 감각기관, 곧 육근(六根)을 통해 들어오는 접촉이 있어야만 느낌이 일어난다. 인식이 일어나는 여섯 곳을 육처(六處)라고 하고, 느낌이 들어온다고 하여 육입(六入)이라고도 한다.

그럼 '안·이·비·설·신·의'라고 하는 감각기관은 어디에서 왔을까? 정신적 요소와 물질적 요소가 결합한 것, 명색(名色)이라 부르는 것에서 왔다. 이름이 있고, 형상이 있고, 생명이 있는 존재와 물질을 말한다. 명(名)은 이름 붙인 것들, 무형의 물질을 말하고, 색(色)은 사대(지·수·화·풍)로 이루어진 생명 있는 존재를 가리킨다.

그럼 생명이 있는 존재들은 어디에서 왔는가? 식(識)에 의해서 생겨났다. 이 식은 자신이 쌓아온 온갖 업과 습관들을 여러 생에 걸쳐 운반하는 역할을 한다. 예를 들면 과거에 만든 나의 업식(業識)이 현재와 미래의 내 행동에 영향을 끼치게 되는 것이다. 씨앗이 만들어지기 전에 지은 업들이 무명과 행에 의해 다시 생사의 길로 들어서게 만든다. '나'라고 하는 것이 이때 식으로서 만들어진다. 쉽게 말해 분별하는 마음의 시작이다. 인간의 시작인 것이다. 그래서 불교에서는 창조주나 절대자의 존재를 인정하지 않는다. 연기의 법칙에 의해 식이 형성되어 인간으로 씨앗이 뿌려진다고 생각하기 때문이다.

자, 그럼 그 식은 어떻게 만들어졌을까? 자신이 실행에 옮긴 업이 만들었다. 무명으로 지은 좋고 나쁜 온갖 업에 의해서 형성된 본능적인 움직임, 바로 행(行)이 있었기 때문이다. 예를 들어 자신도 모르게 어떤 여인을 좋아하게 되어서, 그 여인을 만나고 싶어 용기를 내어 찾아갔다. 그날 이후에 엮인 인연들을 생각해 보자. '그때 거기서 만나지 않았더라면 결혼하지 않았을 테고, 지금 이렇게 살지 않았을 텐데.'라고 생각할지도 모른다.

여기 담배를 끊은 지 3년 된 사람이 있다. 회사에서 해고되고 속상해서 친구랑 소주 한 잔 하는데, 옆에서 친구가 담배를 피웠다. 그러다가 결국 따라 피우게 되었다. 해고를 당하지 않았다면, 술을 마시지 않았다면, 친구가 담배를 피우지 않았다면 어땠을까? 아마 본인도 담배를 피우지 않았을 것이다. 모든 조건들이 형성되어 3년 전의 기억을 소환시켜 다시 담배를 입에 물게 된 것이다.

이와 같이 세상에 존재하는 모든 것들은 조건에 의해 형성된다. 그것들이 자꾸만 쌓여 업을 만들고 습관을 만든다. 사고방식, 습관, 업 모두 조건이 모여 결과를 만들고, 그 결과가 다시 생각하고 말하고 행동하게 만들어 새로운 결과를 도출하는 방식이다.

가끔 보면 신기한 아이들이 있다. 어떤 아이는 가르친 적도 없는 피아노를 치기도 하고, 노래를 기가 막히게 부르기도 하며, 특이한 행동을 하기도 한다. '우리 식구 중에는 이런 사람이 없는데 애는 왜 그러지?' 라며 놀라워한다. 이것은 오래전부터 자신이 쌓아온 업의 흔적이 남아 있기 때문이다. 나도 모르게 자신의 형성된 '행(行)'을 통해 다시 업이 활성화되는 것이다. 과거에 지은 모든 선악의 업보가 본능적으로 활성화되는 움직임이 바로 '행'이다.

그러면 그 행은 어디서 왔을까? 알 수 없는 '무명(無明)'으로부터 왔다. 무명이란 없을 무(無)에 밝을 명(明), 즉 밝음이 없는 것이다. 근본 무지를 말한다. 이것을 원인으로 해서 저것이 생겨나고, 저것을 원인으로 해서 이것이 소멸하게 되는 이치, 만들어낸 결과물을 바탕으로 해서 또 다른 것을 만들어낸다는 이치에 대해 모르는 것을 말한다. 이러한 연기의 법칙에 의해 과거에 쌓아온 업들이 있는데, 그 업이 내게 주는 '영향'을 모르는 것이다. 세상을 파악하는 원리를 모르고, 내가 그렇게 수없이 많은 생을 거쳐서 이렇게 살아왔으나 자신의 삶에 대해서 모른다.

다시 말해, 존재의 본성에 대해 알지 못해서 무명이 생겼다는 이야기다. 이것을 '근본무명(根本無明)'이라고 한다. 즉 연기를 알지 못하고, 삼법인을 알지 못하고, 사성제를 알지 못해서 생겼다는 것이다. 따라서 자신과 세상의 실체에 대한 지혜가 없기 때문에 잘못된 행동을 야기하고, 실상에 대한 무지 때문에 부정적인 마음 상태, 부도덕한 태도를 갖게 된다. 깨닫기 전까지는 평생 그렇게 업보에 휘둘리고, 무의식 속에서 수시로 튀어나오는 무명에 의해 마음이 일어난다. 거기서 생사의 수레바퀴가 생기며, 무명에 가려 윤회에서 벗어나지 못하고 돌고 돌게 된다. 여기까지가 부처님께서 발견하신 깨달음의 세계, 연기법이다.

부처님은 앞뒤로 반복해서 순관, 역관을 통해 관찰하셨다. 잘 몰라 생긴 어두운 '어리석음'에서 업에 의해 형성된 '행'이 이루어지고, 그 형성에서 '의식작용'이 생기며, 의식작용에서 '이름과 형상'이 생기고, 이름과 형상에서 여섯 가지 '감각기관'이 생기며, 감각기관에서 '접촉'이 생기고, 접촉에서 '느낌'이 생기고, 느낌에서 '갈애'가 생기며, 갈애에서 '집착'이 생기고, 집착에서 '존재'가 생기며, 그 존재가 세상에 태어나서 '늙음과 죽음'으로 이어진다. 이것이 십이연기의 법칙이다.

지혜로써 철저하게 꿰뚫어보고 선명하게 세상을 보는 훌륭한 방법이 무엇이냐고 묻는 이에게 부처님께서 이런 말씀을 하셨다.

> "이것이 있으면 저것이 있고, 이것이 없으면 저것이 없다. 이것이 일어나면 저것이 일어나고, 이것이 소멸하면 저것이 소멸한다. 이러한 연기의 도리가 바로 나의 거룩한 제자가 진리를 철저하게 꿰뚫어보고 선명하게 보는 훌륭한 방법이다."
>
> - 『쌍윳따니까야』 12

무상의 개념에서도 말했듯이, 시간 역시 고정된 별개의 시간이란 것이 없다. 모든 것이 연기하며 흘러간다. 죽음조차도 그냥 시간이 없는 상태가 되는 것뿐이다. 불교는 초월자를 인정하지 않고, 이러한

십이연기의 순관

연기의 법칙만으로 세계를 바라보고자 했다. 그런 면에서 보면 현대 과학과도 비슷한 관점이라 할 수 있겠다. 모든 것이 의존적으로 발생한다는 불교의 연기법칙이야말로 세상과 우주를 바라보는 최고의 통찰이라고 생각한다.

# 깨달은 분이 설명하는 십이연기

『쌍윳따니까야』에 연기에 대한 상세한 설명이 나온다.

**노사(늙음과 죽음)**가 무엇인가? 여러 존재하는 것들이 노쇠하고 이가 빠지고 머리는 백발이 되고 피부는 주름지고 원기가 줄어들고 감각기관이 퇴화한다. 이것을 늙음이라 한다. 여러 존재들이 죽어 오온이 흩어지고 버려지고 사라진다. 이것을 죽음이라 한다.

**생(태어남)**이 무엇인가? 여러 존재들이 잉태하여 태어나 오온이 나타나고 감각기관이 생기는 것을 태어남이라 한다.

**유(존재)**란 무엇인가? 세 종류의 존재가 있다. 감각으로 만들어진 존재(욕계의 존재), 형상으로 만들어진 존재(색계의 존재), 형상이 없는 존재(무색계의 존재)다. 이것을 존재라 한다.

**취(집착)**란 무엇인가? 네 종류의 집착이 있다. 감각적 쾌락에 대한 집착, 견해에 대한 집착, 규율이나 의식에 대한 집착, 자아에 대한 집착이 그것이다.

**애(갈애)**란 무엇인가? 여섯 종류의 갈애가 있다. 보이는 형상에 대한 갈애, 들리는 소리에 대한 갈애, 냄새에 대한 갈애, 맛에 대한 갈애, 감촉에 대한 갈애, 마음이 바깥 대상을 접촉했을 때에 발생한 갈애가 그것이다.

**수(느낌)**란 무엇인가? 여섯 종류의 느낌이 있다. 눈에 보이는 느낌, 귀에 들리는 느낌, 코에 대한 냄새의 느낌, 혀에 대한 맛의 느낌, 몸에 의해 만져지는 느낌, 마음에 의해 인식하는 느낌이 그것이다.

**촉(접촉)**이란 무엇인가? 여섯 종류의 접촉이 있다. 눈의 접촉, 귀의 접촉, 코의 접촉, 혀의 접촉, 몸의 접촉, 마음의 접촉이 그것이다.

**육입(여섯 감각기관)**이란 무엇인가? 눈의 감각, 귀의 감각, 코의 감각, 혀의 감각, 몸의 감각, 마음의 감각이 그것이다.

**명색(이름과 형상)**이란 무엇인가? 느낌, 지각, 의도, 접촉, 의식(주의집중)에서 온 것을 이름이라 하며, 지·수·화·풍의 네 가지 요소에서 온 것을 형상이라 한다.

**식(의식)**이란 무엇인가? 여섯 종류의 의식이 있다. 눈으로 보고 일어난 의식, 귀로 듣고 일어난 의식, 코로 냄새를 맡고 일어난 의식, 입으로 맛보고 일어난 의식, 몸에 접촉함으로써 일어난 의식, 마음으로 느끼고 일어난 의식이 그것이다.

**행(형성)**이란 무엇인가? 세 종류의 의도를 가진 형성이 있다. 행동으로 만들어진 형성, 말이 만들어낸 형성, 생각이 만들어낸 형성이 그것이다.

**무명(어리석음)**이란 무엇인가? 괴로움을 알지 못하고, 괴로움의 근원을 알지 못하고, 괴로움의 소멸을 알지 못하고, 괴로움의 소멸에 이르는 길을 알지 못하는 것이 무명이다.

중도

옳고 그름을 넘어

어느 쪽으로도 치우치지 말라는
중도(中道)의 가르침은 쉽게 말해
차별을 두지 않는 개념이다.
차별이 없고 극단을 피해
흑백논리에서 벗어나는 것이 중도다.
이성적으로 따져서 아는 것들,
분별하고 이름 지어 만들어낸 것들이
모두가 허상이라는 것을 알게 되는 것이 중도다.

# 한쪽으로
# 치우치지 마라

부처님은 누가 욕을 하든 칭찬을 하든, 한결같이 고요하고 평온하게 머물렀다. 안타까운 생명을 보면 연민으로 대하고, 자애로 보살펴 주었으며, 누굴 만나든 차별 없이 평등하게 대했다. 그러한 모습을 보임으로써 만인으로부터 존경과 사랑을 받게 된 것이다. 그분에게 는 말로써 설명하는 진리의 가르침만 있었던 것이 아니라, 행동으로 보이는 자애로운 실천이 있었기 때문이다. 그 자애롭고 진실한 모습 을 '중도(中道)'의 가르침에서도 찾아볼 수 있다.

앞서 설명한 사성제(四聖諦)와 연기(緣起)의 법칙은 자연스럽게 '중도'의 개념으로 이어진다. 부처님은 감각적 쾌락을 추구해서도 안 되며, 자기를 괴롭히며 고행의 길만을 고집해서도 안 된다는 것을 분 명히 하셨다. 즉 극단적인 행동을 배제하고, 쾌락과 고행의 양극단을 멀리해야만 괴로움을 소멸시키고 열반에 이를 수 있다는 것이다.

'쾌락'이란 단어에서는 왠지 인간의 부도덕한 욕망이 강하게 느껴진다. 그러한 쾌락의 추구에는 여러 가지가 있을 수 있다. 먼저 돈이나 명예, 권세 등을 좇는 세속적 쾌락이 있겠고, 과한 식탐이나 성적인 욕망이 강한 동물적 쾌락이 있을 것이다. 또 좋은 것만 좋아하는 쾌락, 예를 들어 고요한 삼매에만 머물고 싶은 욕망이 너무 강해 어떤 것에도 방해받고 싶지 않은 것도 쾌락을 좇는 것으로 본다. 수행을 통해 얻어지는 '삼매(三昧)'의 경우에는 부도덕한 욕망이라고 치부하기에는 걸맞지 않은 듯 보이지만, **제아무리 고상한 종교적 쾌락이어도 지나치게 매어 있으면 극단적 쾌락임에는 분명하다. 부처님은 이러한 것까지도 포함해서 욕망의 끝으로 치닫는 것을 우선 내려놓으라 말씀하셨다.**

반대로 자신의 몸을 극단으로 몰아가며 먹지도, 입지도, 씻지도 않고 가혹하게 대하여 육체적 고통을 감내하는 수행법도 명확히 문제로 지적한다. 위에서 말한 삼매에 머물고 싶은 욕구는 어쩌면 수행자로서 필요한 것이 아닌가 하고 생각할 수도 있는데, 그렇지 않다. 삼매에 탐닉해서도 안 되고, 고행에 몰두하지도 말라는 것이 중도에 대한 부처님의 가르침이다.

간혹 고행하는 부처님 사진을 볼 때가 있다. 뱃가죽이 붙어서 배와 등뼈가 닿을 것만 같은 모습을 가진 부처님 모습이다. 부처님 이전에는 숨을 멈춘다거나 단식을 하는 등 자신의 육체를 고통으로 몰아가는 것이 일반적인 수행법이었다. 아무도 그것이 잘못된 수행법이라고 말하는 현자가 없었다.

오래전 일이지만 나도 한때는 그렇게 수행해 보고 싶다는 생각을 했던 적이 있다. 출가 수행자라면 누구나 한 번쯤은 뼈가 앙상하게 드러날 정도로 치열한 수행에 목말라한 적이 있을 것이다. 온몸을 바쳐 처절하게 수행하다 죽어버릴 각오를 하는 것이 자연스러운 모습이었다. 다만 그것을 실행에 옮기는가 그렇지 못하는가의 차이가 있을 뿐이다.

부처님께서도 자신의 육체를 가혹하게 학대하면서 수많은 고통 속에 자신을 몰아넣었다. 그러나 자신의 몸을 스스로 괴롭힌다고 해서 깨달음을 얻을 수 있는 것이 아니라는 것을 알게 되었다. 중요한 것은 극단으로 치우치지 않고, 세상을 있는 그대로 바라보는 것이라는 것을 말이다. 이후 부처님은 고행을 중단하고, 가장 유연한 상태에 자신의 몸과 마음을 두고 수행에 임하셨다. 부처님의 이러한 생각은 수행에 있어 그야말로 새로운 국면을 맞이하게 해주었다.

이후 깨달음을 얻은 부처님은 누구에게 법을 설할 것인가 고민했다. 그러다가 첫 전법 대상으로서 자신과 함께 고행을 했던 다섯 수행자를 선택하고 그들을 위해 최초로 깨달음에 관한 법을 설하셨다. 자신의 깨달음과 진리에 대한 통찰을 가르쳐주기 위해 부처님은 먼 길을 걸어 미가다야(녹야원)까지 직접 찾아갔다. 맨발로 그 먼 길을 걸어 함께 수행했던 이들을 찾아가는 부처님의 모습은 상상만으로도 가슴 벅차고 위대하다. 자, 그럼 중도의 가르침을 찾아보자.

"비구들이여,

출가자는 이들 두 가지 극단을 따라서는 안 된다.

무엇이 둘인가?

감각적 욕망의 즐거움에 탐닉하는 것은 저열하고

천박하며 하찮고 고결하지 않고 유익함이 없으며,

지나친 고행에 몰두하는 것은 고통스럽고

저열하며 유익함이 없는 것이다.

여래는 이 두 극단에 치우침 없이 중도를 깨달았다.

중도는 통찰력을 주며, 최상의 지혜를 주며,

평화를 주며, 바른 깨달음과 열반으로 인도한다.

비구들이여, 그럼 무엇이 깨달음으로 이끄는 중도인가?

중도는 바로 여덟 가지 성스러운 길[八正道]이다.

바른 견해[正見], 바른 사유[正思惟], 바른 말[正語],

바른 행위[正業], 바른 생활수단[正命],

바른 정진[正精進], 바른 마음챙김[正念], 바른 집중[正定]이다.

이것이야말로 여래가 깨달은 중도로서

통찰력을 주며, 지혜를 주며,

평화를 주며, 깨달음으로 이끌고, 열반으로 인도한다."

– 『쌍윳따니까야』 56

# 중도와
# 팔정도

바로 앞에서, 녹야원에서 이루어진 첫 번째 설법에서 말씀하신 내용을 소개했다. 이상의 내용을 보면 어느 쪽으로도 치우치지 말라는 '중도'의 가르침은 곧 '팔정도(八正道)'라고 한다. 팔정도에 대해서는 앞서 사성제 가운데 도성제를 설명하면서 자세히 말하였다. 그럼, 첫 설법의 내용이 기록된 『쌍윳따니까야』의 내용을 다시 한 번 짚어보자.

여덟 가지 거룩한 길, 팔정도는 바른 견해[正見], 바른 사유[正思惟], 바른 말[正語], 바른 행위[正業], 바른 생활수단[正命], 바른 정진[正精進], 바른 마음챙김[正念], 바른 집중[正定]이다. 우선 바른 견해란 괴로움에 대하여 알고, 괴로움의 근원을 알고, 괴로움의 소멸을 알고, 괴로움의 소멸에 이르는 길에 대해 아는 것이다. 바른 생각은 악을 행하지 않으려는 생각, 남을 해치지 않으려는 생각을 말하며, 바른 말은 거짓말하지 않고, 이간질하지 않고, 악담하지 않고, 잡담하지 않는 것이다. 바른 행동은 살아 있는 생명을 죽이지 않고, 주지 않은 것을 갖지 않고, 삿된 음행을 하지 않는 것이고, 바른 생활수단은 잘못된 방법으로 생계를 유지해선 안 된다는 말이다. 바른 정진은 악한 생각이 일어나지 않도록 노력하고, 악한 생각이 일어나면 버리도록 노력하며, 선한 생각은 더욱 커지도록 하라는 것이다. 바른 마음챙김은 매사에 분명하게 알아차리고, 세상에 대한 탐욕을 버리고, 몸을 있는 그대로 관찰하며, 마음을 있는 그대로 바라보고, 모든 현상을 있는 그대로 관찰하며 머무르라는 말이다. 마지막으로 바른 집중은 감각적 쾌락과 바람직하지 못한 모든 것에서 벗어나 사유하며, 홀로 명상하며 느끼는 기쁨의 선정에 머무는 것을 말한다. 이것이 팔정도의 내용이다.

그럼 부처님은 팔정도를 왜 중도라고 하신 것일까?

어느 쪽으로도 치우치지 말라는 중도의 가르침은 쉽게 말해 차별을 두지 않는 개념이다. 차별이 없고 극단을 피해 흑백논리에서 벗어나라는 것이 중도다. 이성적으로 따져서 아는 것들, 분별하고 이름 지어 만들어낸 것들이 모두가 허상이라는 것을 알게 되는 것이 중도다. 그래서 유무(有無)를 떠난 중도라고 말하는 것이요, 대소(大小)를 떠난 중도라고 말하는 것이다.

그리고 그러한 생각을 실천으로 옮겼을 때 할 수 있는 생활의 실천 수행이 바로 팔정도다. 즉, 실천적 중도가 '팔정도'라는 말이다. 양극단에서 벗어난 개념을 적용하여 세속의 중생들이 중도를 실천하기 위해서는 이 여덟 가지 바른 생활방식을 유지하며 살라는 가르침이다. 거듭 말하지만, 불교는 고통에서 출발한다. 고통을 어떻게 극복할 것인가에 대한 대답이 바로 바른 생활방식인 것이다.

여담으로, 일본에서 공부할 때 한 교수님께서 이런 말씀을 하신 적이 있다. '자신이 평생 불교 공부를 하고 보니 불교라는 것은 결국 치우침 없이 조화롭게 살라는 말씀이었다. 자신의 삶을 어느 쪽으로도 치우치지 않도록 노력하고 컨트롤하는 것이 가장 중요한 것 같다. 스님도 그렇게 살기 바란다.'는 말씀이었다. 삶에 매우 큰 영향을 끼친 그 말씀은 불교 공부를 하는 데 있어서도, 한 인간으로 살아감에 있어서도 많은 것들을 이해하고 더불어 살아가는 데 도움이 되었다. 극단에 치우치지 않는 조화로운 삶. 이것이 바로 중도적 삶일 수 있겠구나, 라고 받아들였다.

경전에도 이런 이야기가 있다. 부처님께서는 빨리 깨닫고 싶은 조바심에 안절부절못하는 수행자 소냐에게 조급함을 덜어주기 위해 현악기를 예로 들어 설명하신 적이 있다. 출가 전에 악기에 능했다는 소냐에게 현악기의 줄이 너무 팽팽하지도, 느슨하지도 않은 상태여야 가장 아름다운 소리를 내는 것에 비유하여 수행자의 태도를 설명한 내용이 그것이다. 일명 '거문고의 비유'라고 불리는 가르침이다.

수행자가 가장 균형감 있게 살아가려면 너무 서두르지도, 너무 느긋하지도 않아야 한다는 말씀이다. 수행함에 있어 쾌락주의와 고행주의라는 양극단을 피하게 하여, 넘치지도 모자라지도 않은 올바른 수행관을 심어준 것이다. 이처럼 치우침 없는 삶이야말로 진리를 찾아감에 있어 가장 중요한 가르침이다. 소냐는 이후 균형을 유지하면서 수행하여 아라한과를 얻게 되었다고 한다.

그런가 하면 이런 제자도 있었다. 부처님 제자 중에 아누룻다 (Aniruddha, 아나율阿那律) 존자가 있었다. 부처님께서 출가한 지 12년 만에 고향으로 돌아와 설법하실 때, 법문을 듣고 감화를 받아 출가한 스님 가운데 한 명이다. 아누룻다 존자는 출가한 후 열심히 정진했으나, 법문 시간에 졸다가 눈에 띈 적이 있다. 실컷 졸다가 부처님께 꾸중을 듣게 되자, 부끄러워서 다음부터는 정신을 바짝 차리고 정진할 것을 다짐했다. 마음을 단단히 먹은 그는 부처님이 계시거나 계시지 않거나 상관없이 용맹정진을 계속했고, 결국 건강을 해치고 말았다. 물론 나중엔 모든 것을 훤히 꿰뚫어보고, 중생의 과거와 미래까지도 알 수 있는 신통인 천안통(天眼通)을 얻게 되었다. 하지만 당장에 육체적으로는 앞을 보지 못하는 장애를 얻게 된 것이다.

부처님께서는 아누룻다의 건강을 몹시 걱정하며 쉴 것을 권유했으나, 수행에 몰두한 아누룻다 존자는 결국 양 눈을 잃고 말았다. 대신 업의 집착을 끊고, 부지런한 정진을 통해 마침내 깨달음을 얻었다. 이와 같이 지나치면 어느 한 부분은 잃을 수도 있는 것이 수행이다. 따지고 보면 그렇게 지나친 수행은 부처님의 가르침에 위배된다. 하지만 멈추지 않는 부지런한 정진은 귀중한 가르침을 주었고, 우리가 살아가면서 어떻게 수행할지에 대해서도 깊이 생각하게 만든다.

자, 그럼 팔정도를 통한 생활 태도를 점검해 보자.

실천적 중도 개념을 가진 팔정도를 살펴보면, 먼저 '바른 견해와 바른 생각'은 지혜[慧]를 토대로 하고, '바른 말, 바른 행동, 바른 생계수단'은 '계율[戒]'에 맞는 생활을 하라는 것이다. 또한 '바른 정진, 바른 마음챙김, 바른 집중'은 마음을 멈추어 고요한 상태[定]를 유지하라고 말한다. 이렇게 계(戒)·정(定)·혜(慧) 삼학(三學)을 실천할 수 있도록 나누어 놓은 것이 '팔정도'다.

그러니까 중도란 결국 어떻게 살 것인가에 대한 대답이다. 팔정도 수행이야말로 불교에서 가장 중요한 수행 방법이고, 모든 것을 담고 있는 불교 수행의 내용이다. 탐(貪)·진(瞋)·치(癡)로부터 자유로워질 수 있도록 하는 수행이 삼학이라면, 삼학을 생활에서 수행할 수 있도록 나누어 담아놓은 것이 팔정도이기 때문이다.

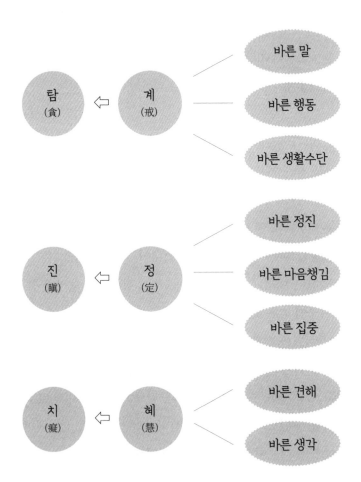

# 중도의
# 가운데는 넓다

---

이렇게 팔정도를 통해 불교의 실천적인 수행 부분을 이해했다면, 이제부터는 사상적 측면을 살펴보자.

'중도란 무엇인가?' 물으면, 단번에 '중도란 팔정도다. 중도란 쾌락과 고행의 양극단을 떠난 것'이라고 대답할 수 있다. 다 맞는 말이다. 이것이 대다수 불자들이 이해하는 중도의 개념이다.

그런데 이렇게만 이야기하면 너무 쉬운 거 아니냐며 고개를 갸우뚱한다. 왠지 뭔가 더 있을 것만 같아서다. 특히 한국불교에서는 성철 스님의 강설을 계기로 많은 이들이 중도에 대해 더 심오하게 받아들이게 되었다. 큰스님은 불교의 깨달음을 '중도'로 표현하셨는데, 중도란 논리적 사고로 알 수 있는 것이 아니라, 반드시 수행을 통해 어떤 체험이 있어야 한다는 점을 분명히 했다. 그 체험이 궁극의 진리인 반야지혜를 알게 해준다는 것이다. 그 체험은 각자의 몫으로 돌리고, 여기서는 추정 가능한 것에 대해서만 글로써 표현해 보도록 하겠다.

뛰어난 선지식이 중도를 깨달음으로 말씀하신 것은 중도가 연기의 내용을 담고 있기 때문이다. 또 체험을 강조하신 이유는 우리가 살면서 개념화하고 이해하여 받아들인 모든 것들이 다 '허상'이라는 것을 깨우치는 계기가 있어야 하기 때문이다. '크다 - 작다', '잘생겼다 - 못생겼다', '있다 - 없다' 하는 모든 이분법적 생각들이 다 스스로 지어낸 것이라는 자각이 필요하다는 말이다. 깨달음의 체험은 그런 자각을 결정짓는 멋진 스토리를 말한다. 예를 들어, 스승에게 질문했다가 한 방 얻어맞아 깨우치게 된 경우도 있고, 손가락이 잘리자 확연히 알게 된 경우도 있다. 해골 물을 마심으로써 깨친 경우도 있고, 꽃잎이 찻잔에 떨어지는 모습을 보고 깨친 예도 있다. 체험적 발견을 무시할 수 없는 이유다.

어쨌든 중도의 개념은 유무를 떠나 양극단을 여읨과 동시에 양극단이 서로 만나 이어져 융합을 이루는 것, 이것이 중요하다. **둥근 원을 떠올려보라. 어디서 선이 시작된다 해도 그 선은 반드시 만나게 되어 있다. 시작은 끝으로 이어지지만, 그 끝에서 모든 것이 다시 시작된다.** 시작과 끝이라는 양극단이 만난 것이다.

이것은 연기의 법칙과도 연결된다. 원인이 있으므로 결과가 생기지만, 결과는 또 다른 결과의 원인이 된다. 더 엄밀히 말하자면 결과 없는 원인이란 있을 수 없다. 원인이면서 결과가 되는 것이다. 그래서 원인이라고도 결과라고도 딱 잘라 말할 수 없다. 양쪽 모두에 해당된다. 여기에도 중도의 원리가 담겨 있다. 그야말로 중도의 가운데는 넓고도 깊다.

부처님은 사람들이 가진 잘못된 견해에 대해 이렇게 말씀하셨다.


"세상 사람들은 흔히 두 가지 입장에 따른다.

그것은 '있다'와 '없다'다.

만일 사람이 올바른 지혜로써

세상의 시작을 잘 관찰한다면,

세상이 '없다'는 것은 있을 수 없다.

또한 사람이 올바른 지혜로써 세상의 끝을 관찰한다면

세상에 '있다'는 것도 있을 수 없다.

모든 것이 있다고 한다면

이것은 하나의 극단적인 가설이다

모든 것이 없다고 한다면

이 또한 제2의 극단적 가설이다.

인격을 완성한 사람은

두 가지 극단적 가설에 가까이 가지 않고

중도에 의해 법을 설한다."

－『쌍윳따니까야』2

시작과 끝을 들어 어디에도 치우치지 않는 중도의 법을 이야기한 것인데, 이는 단견(斷見)과 상견(常見)을 극복할 수 있도록 해준다. 단견은 이어지는 것이 없다는 생각이고, 상견은 항상 이어지는 것이 있다고 하는 생각이다. 사실 불교는 이 두 가지 견해를 다 거부한다.

불교는 만물이 상호의존적으로 발생한다는 연기의 법칙을 설하기 때문이다. 그러한 연기법에 의하면 항상(恒常)하고 영원한 것이란 있을 수 없다. 모든 것은 시간과 공간을 바탕으로 하는데, 그 시간도 공간도 무상하기 때문이다. 언제나 변하지 않는 동일한 시공간이란 있을 수 없다는 이야기다.

예를 들어 보겠다. 여기 불이 붙은 등불이 있다. 이 등불은 다른 등불을 켜는 데 쓸 수 있다. 새로운 등불에 불을 붙이기 이전에 이미 불이 붙어 있었다. 그런데 이 등불로 새로 만들어진 등불을 이전 등불과 같은 불이라고 할 수 있을까? 아니면 전혀 다른 불이라고 할 수 있을까? 딱 잘라 대답하기 곤란할 것이다.

그렇다. 어느 쪽도 맞지 않으며, 어느 쪽도 틀린 것이 아니다. 새 등불은 이전의 등불과 무관하지 않기 때문이다. 이런 것을 두고, 단견도 상견도 맞지 않다고 말하는 것이다. 이와 같이 상견과 단견을 극복한 연기의 가르침이 바로 중도요, 일체 모든 진리를 융합한 것이 중도의 가르침이다.

# 내가
# 틀릴 수도 있다

---

비욘 나티코 린데블라드(Bjorn Natthiko Lindeblad)가 쓴 『내가 틀릴 수도 있습니다』(다산초당, 2022)라는 책을 감명 깊게 읽었다. 아무래도 이 사람에 대해서는 잠시 소개가 필요할 듯하다.

'나티코(Natthiko)'라 불리는 그는 1961년 스웨덴에서 태어났다. 대학 졸업 후 다국적 기업에서 근무하다가 어느 날 태국의 숲속 사원으로 출가해 '나티코', 즉 '지혜가 자라는 자'라는 법명을 받고 파란 눈의 스님이 되었다. 17년간 수행한 그는 마흔여섯의 나이에 승복을 벗고 속세로 돌아왔다.

환속 후에는 사람들에게 힘든 일상 속에서도 마음의 고요를 찾는 법을 가르치며 살았다. 그러다가 2018년에 안타깝게도 루게릭병을 진단받았다. 자신의 신체 기능을 잃어가던 중에도 그는 사람들에게 용기와 위로를 전했다. 그리고 2022년, "망설임도 두려움도 없이 떠난다."는 말을 남기고 먼 길을 떠났다. 이 책은 나티코라는 수행자의 이야기와 가르침을 담고 있다. 책에서 기자는 나티코에게 이런 질문을 던졌다.

"17년간 승려로 살면서 배운 가장 중요한 가르침은 무엇입니까?"

나티코는 이 질문을 받고 처음엔 당황했으나, 뒤에 천천히 답변이 떠올랐다고 한다. 그는 이렇게 답했다.

"17년 동안 깨달음을 얻고자 수행에 매진한 결과,
머릿속에 떠오른 생각을 다 믿지는 않게 되었습니다.
그게 제가 얻은 초능력입니다."

가장 놀랐던 건 바로 이 대목이다. 머릿속에 떠오른 생각을 다 믿지 않게 되었다는 것! "바로 그거야!" 하면서 절로 미소가 지어졌다.

중생은 그릇된 견해를 가지고 있으면서도 자신이 옳은 줄 안다. 옳다는 생각에 빠져 자신의 주장을 피력한다. 저라고 별반 다르지 않다. 자신의 말과 생각에 속고 있음을 잘 모른다. 그저 입을 통해 나오는 말이나 생각이 곧 자기 자신이라고 착각한다. 누구나 자기가 아는 만큼만 이해하고 고집하는 습성이 있기 때문이다. 따라서 진리를 알기 위해서는 바른 눈과 지혜가 필요하다.

『열반경』에 나오는 유명한 '맹인모상(盲人摸象)'의 일화를 꺼내보자.

옛날 사왓티(Sāvatthī)에 한 왕이 있었다. 왕은 신하를 불러 "이 나라에 사는 사람 중에서 태어나면서부터 앞이 안 보이는 자를 모두 한곳에 모아 코끼리를 만져보게 하고, 어떤 모습인지 대답하게 하라."는 명령을 내렸다. 앞을 보지 못하는 사람들은 각기 코끼리의 다른 부분을 만져보고는 자신이 만진 부분만 가지고 코끼리를 상상하고 결론을 내어 대답했다. 앞이 보이는 사람의 입장에서 보면 그 대답이 정확할 리 만무하다.

상아를 만진 사람은 무 같다고 했고, 귀를 만진 사람은 키 같다고 했으며, 다리를 만진 사람은 기둥 같다고 했다. 배를 만진 사람은 장독 같다고 했고, 등을 만진 사람은 평상 같다고 했으며, 꼬리를 만진 사람은 새끼줄 같다고 했다. 이렇게 각기 다른 결론을 내리고 자신이 옳다고 생각하며 다투었다. 앞이 보이는 사람이나 보이지 않는 사람이나 자신의 견해에 집착하는 면에서 본다면, 모두가 똑같다. **진리의 모습도 마찬가지다. 전체를 보지 않고 부분적으로만 보고 판단할 수 있기 때문에 매우 조심스러운 것이다. 일부만 보고 전체를 상상해서 말한다면 누구나 다 틀릴 수 있다.** 중도의 가르침은 우리가 가진 생각이 틀릴 수 있다는 것을 명확히 알려준다.

중도의 개념은 더 나아가 불성으로도 이해되고, 깨달음으로도 이해되어 점차 그 중요성이 커진다. 단순히 극단만 피하라는 개념이 아니라, 불교도라면 누구나 꿈꾸는 깨달음의 이치를 품고 있다는 것이다. 점점 더 확대해서 해석하고, 크고 웅장한 느낌의 중도를 만날 수 있다. 그러한 중도의 이치는 훗날 공(空)사상으로도 연결되는데, 특히 중관 반야 계통에서 중시되어 아주 멋진 불교 교리를 형성한다.

# 성철 스님의 중도법문

현실세계란 전체가 상대모순으로 되어 있습니다.
물과 불, 선과 악, 옳음과 그름, 있음과 없음,
괴로움과 즐거움, 너와 나 등입니다.
이들은 서로 상극이며, 모순과 대립은 투쟁의 세계입니다.
투쟁의 세계는 우리가 목표하는 세계는 아닙니다.
우리는 평화의 세계를 목표로 하여 살아가고 있습니다.
그러나 상극 투쟁하는 양변의 세계에서 평화라는 것은
참으로 찾기가 어렵습니다.
그러므로 참다운 평화의 세계를 이루려면,
진정한 자유를 얻으려면 양변을 버려야 합니다.
모순상극의 차별 세계를 버려야 합니다.

양변을 버리면 두 세계를 다 비추게 되는 것입니다.
다 비친다는 것은 통한다는 뜻이니
선과 악이 통하고 옳고 그름이 통하고
모든 상극적인 것이 서로 통하는 것을 말합니다.
우리는 그것을 둘 아닌 법문[不二法門]이라고 합니다.
선과 악이 둘이 아니고, 옳음과 그릇됨이 둘이 아니고,
괴로움과 즐거움이 둘이 아닙니다.
둘이 아니면 서로 통하게 되는 것이니,
서로 통하려면 반드시 양변을 버려야 합니다.

- 성철 스님, 『백일법문』 중에서

육
바
라
밀

**1**

# 바
# 라
# 밀

함께 행복해지는 길

바라밀은 태어나고 죽는 현실의 괴로움에서
벗어나 번뇌와 고통이 없는 세계로
건너간다는 뜻으로, 열반에 이르고자 하는
보살의 수행 방편을 말한다.
바꾸어 말하면 자기 스스로 고통이 없는 세계로
건너는 행위이자 고통이나
불행에 빠진 다른 중생을 도와서
함께 건너는 마음, 즉 '자비심'이다.

# 불교의 완성은
# 실천

간혹 불교에 대해 이야기할 때, 어떤 이들은 불교는 철학이지, 종교가 아니라고 말하는 경우가 있다. 신을 믿지 않는 것은 종교라고 볼 수 없기 때문이란다. 그러나 그들의 주장과는 무관하게 불교는 종교로써의 역할을 충실히 해왔고, 지금도 많은 이들을 고통으로부터 벗어나게 하기 위해 힘쓰고 있다. 물론 '신앙'보다는 수행이나 출가자에 대한 '신뢰'가 더 크게 영향을 끼치기는 한다.

흔히 불교를 가리켜 '마음의 종교'라고 한다. 각자 내면에 형언할 수 없는 수많은 마음이 들어앉아 있으니, 그만큼 마음의 가짓수도 많다고 하겠다. 그 많은 중생의 마음가짐에 따라 부처님께서도 많은 가르침을 주셨다.

어려서 염불을 외우거나 경전을 공부할 때, "부처님은 무슨 말씀을 이리도 많이 하셨을까?" 하고 투덜댄 적이 더러 있었다. 45년 동안 하신 말씀이 구전되어 기록으로 남아 있는데, 그 양이 방대하니 앞으로 해야 할 공부도 산더미처럼 많겠구나 생각했다. 물론 공부를 하다 보니 모든 경전이 부처님의 직설(直說)이 아님도 알게 되었다. 후대에 제자들이 필요에 의해서 편찬한 것도 상당수를 차지한다.

어쨌든 이렇게 많은 불교의 가르침을 가리켜 우리는 '팔만 사천 법문'이라고 한다. 그 방대한 양을 실감하게 만드는 것이 바로 합천 해인사에 보관된 '팔만대장경'이다. 그런데 우리나라에만 이런 대장경이 남아 있는 것은 아니다. 일본의 신수대장경(新脩大藏經), 빨리어로 된 대장경, 티베트어로 된 대장경, 영역(英譯)한 대장경 등등 아주 많은 기록들이 지금까지 전해지고 있다.

불교의 수많은 가르침을 담은 이 대장경들은 평생에 걸쳐 본다 해도 다 볼 수가 없다. 한때는 '이걸 내가 다 읽고 죽으리라!' 다짐했으나, 아무래도 그것은 그냥 꿈일 뿐, 현실적으로는 불가능한 일일 듯싶다. 그래서인지 대장경의 핵심을 짚어서 이야기한다는 분들이 많다. 그분들이 이구동성으로 하시는 말씀이 있다. 바로 '팔만대장경을 한 글자로 표현하면 마음 심(心) 자'라는 것. 불교는 채워서 알아지는 것이 아니라, 비워서 충만해지는 가르침을 전하기 때문이다. 문제의 근원을 외부에서 찾지 않고 자기 내면에서 찾기 때문이기도 하고, 그런 이유로 마음 다스리는 수행법에 대해 전하고 있어서이기도 하다. 그렇기에 불교를 마음의 종교라고 부르는 것은 타당한 이야기인 것 같다.

그런데 여기서 한 걸음 더 들어가 보면, 마음이 다가 아니라는 것을 알 수 있다. 그보다 더 중요한 것이 있다. '마음 심(心)' 자보다 더 중요한 글자, 그것은 바로 '행할 행(行)' 자다. 백날 마음먹어도 행하지 않으면 아무런 의미가 없지 않은가. 세 살 먹은 아이도 알지만 여든 살 먹은 노인도 실천하기는 어렵다는 의미를 담은 글자, 그것이 바로 '행할 행'이다. 저 방대한 『화엄경』에서도 가장 중요한 품은 마지막에 나오는 「보현행원품」이라고 한다. 보현보살의 행원(行願)이 담긴 품이기 때문이다. 그와 같이 최종적으로는 '행위'에 방점을 찍는 것이 불교의 가르침이다.

지금부터는 불교에서 말하는 실천에 대해 이야기하고자 한다. 대표적인 것으로 여섯 가지 바라밀행, 바로 '육바라밀(六波羅蜜)'이 있다. 육바라밀은 보시바라밀(布施波羅蜜)·지계바라밀(持戒波羅蜜)·인욕바라밀(忍辱波羅蜜)·정진바라밀(精進波羅蜜)·선정바라밀(禪定波羅蜜)·반야바라밀(般若波羅蜜)의 여섯 가지 바라밀행을 말한다. 『반야경』에 육바라밀에 대한 아주 멋진 설명이 있다.

잘 버리는 것이 보시바라밀이고,

번뇌가 없는 것이 지계바라밀이며,

변함이 없는 것이 인욕바라밀이고,

물러남이 없는 것이 정진바라밀이며,

마음을 잘 다스리는 것이 선정바라밀이고,

모든 것을 버리고 벗어나는 것이 반야바라밀이다.

– 『반야경』(T8, p.325c)

공(空)의 도리를 말하는 『반야경』답게 버리고 비우는 것을 핵심으로 바라밀행을 설명하고 있다. 그러나 일반적으로 보면 보시바라밀은 아무런 조건 없이 남에게 기꺼이 베푸는 것을 말한다. 지계바라밀은 자신을 제어하고 계율을 잘 지켜 악한 업을 짓지 않도록 하고, 적극적인 선행을 하는 것이다. 인욕바라밀은 스스로 많은 것들을 인내하고 남을 용서하는 것, 정진바라밀은 끊임없이 바른 노력을 하는 것, 선정바라밀은 마음을 고요히 가라앉혀 한곳에 집중하는 정신상태에 이르는 것이다. 마지막 반야(지혜)바라밀은 인간과 세상에 대해 바르게 보고, 맑고 밝은 정신적 지혜의 완성을 뜻한다.

| 육바라밀 | 내용 |
|---|---|
| 보시바라밀 | 아무런 조건 없이 다른 이들에게 베푸는 것 |
| 지계바라밀 | 계율을 잘 지켜 선행을 하고, 악한 업을 짓지 않는 것 |
| 인욕바라밀 | 온갖 고통과 번뇌를 인내하고 용서하는 것 |
| 정진바라밀 | 끊임없이 바른 노력(정진)을 하는 것 |
| 선정바라밀 | 마음을 고요히 가라앉혀 집중하는 정신 상태를 이루는 것 |
| 반야바라밀 | 분별과 집착이 끊어진 완전한 지혜를 성취하는 것 |

각각의 개념에 대해서는 뒤에서 순차적으로 좀 더 설명하도록 하고, 먼저 공통적으로 들어가 있는 '바라밀(波羅蜜)'이 무엇인지 보자.

바라밀은 태어나고 죽는 현실의 괴로움에서 벗어나 번뇌와 고통이 없는 세계로 건너간다는 뜻으로, 열반에 이르고자 하는 보살의 수행 방편을 말한다. 바꾸어 말하면 자기 스스로 고통이 없는 세계로 건너는 행위이자, 고통이나 불행에 빠진 다른 중생을 도와서 함께 건너는 마음, 즉 '자비심'을 말한다. 따라서 자비의 마음으로 행하는 갖가지 행위를 바라밀행(波羅蜜行)이라고도 하고, 보살행(菩薩行)이라고도 한다.

바라밀은 산스크리트어인 '파라미타(paramita)'를 소리 나는 대로 한자로 옮긴 것이다. 그러니 한자로 쓸 때 정확하게는 바라밀다

**4 육바라밀**

(波羅蜜多)라고 해야 한다. 원어를 해체해서 분석해 보면 'para'는 '저 언덕'을 가리키고, 'mita'는 '건너가다'라는 의미를 지녔다. 말하자면 바라밀은 '저 언덕으로 건너간다.'는 의미다. 좀 더 깊이 들어가 보면 '이 생을 건너 완전한 것을 기필코 이루어낸다.'는 의미로 풀이된다. 그래서 뜻을 중심으로 한자로 옮기면 도피안(度彼岸)이라고 하는데, 도피안은 어리석음에 빠져 있는 현실 속 중생들이 사는 세상, 즉 이 세상에서 저 세상으로 건너가서 자비와 지혜로 가득 찬 깨달음의 세계인 그곳에 이르는 것을 의미한다. 바라밀은 이상적인 세계로 향해 가는 것이다.

그럼 어떻게 하면 저 완벽한 피안(彼岸)의 세상으로 건너갈 수 있을까? 위에서 말한 여섯 가지 바라밀행이 바로 그 방편이 된다.

본래 초기불교 시대에는 재가신도들을 위해서 보시[施], 지계 [戒], 생천(生天)에 대한 가르침을 주로 말했다. 출가 수행자나 어려운 이웃에게 보시를 베풀고, 자신의 삶에서 절제 있는 생활을 하면 천상에 태어나 복락을 이룰 수 있다는 가르침이다.

특히 출가 수행자에 대한 공양뿐만 아니라 어려운 사람들을 돕는 일이 재가신도의 주요 덕목임을 강조하는 내용들이 경전 곳곳에 나타나 있다. 예를 들어 『화엄경』에서는 보시와 지계는 바라밀 수행으로서 모든 보살 수행의 기본이며, 집터를 먼저 닦아야 집을 지을 수 있는 것과 같다고 하였다. 이렇듯 보시는 수행의 으뜸이 되니 기쁨의 환희행(歡喜行)으로 표현한다. 또한 자비심으로 보시하여 모든 이의 깨달음을 위해 그 공덕을 회향해야 한다고 하였다. 그럼 '보시 바라밀'부터 살펴보자.

# 2 보시

웃으면서 줄게

보시바라밀은

탐욕과 이기심을 없앨 뿐만 아니라,

자신의 들끓는 번뇌와 욕심까지도

없애기 위한 실천이다.

보시를 하는 방법으로 세 가지가 있는데,

재물로 베푸는 재시(財施)와

진리를 가르쳐 주는 법시(法施),

두려움과 고통으로부터 구제해 주는

무외시(無畏施)다.

# 가엾게 여기는 마음으로
# 조건 없이 베풀라

기원정사를 지어 부처님과 제자들에게 시주한 아나타핀디카
(Anāthapiṇḍika, 급고독장자 給孤獨長者)!

우리가 잘 아는 이 장자는 코살라(Kosalā)국의 수도인 사왓티
(Sāvatthī)에 거주했던 유명한 상인인데, 의탁할 곳이 없는 어려운 이
들에게 많은 것을 베풀며 선량하게 살았다. 그래서 사람들은 그를
본래의 이름보다는 '급고독장자'라는 별칭으로 불렀다. '급고독(給孤
獨)'이란 '어려운 자를 잘 돕는 이'라는 뜻이다. 세상 사람들의 눈에 비
친 아나타핀디카의 헌신적인 인품이 그만큼 훌륭했다는 이야기다.

부처님은 아나타핀디카에게 다음과 같이 말씀하셨다.

"장자여, 어떤 것이 보시에 대해 관대함을 구족함인가?

장자여, 성스러운 제자는

인색함의 때가 없는 마음으로 재가에 살고,

아낌없이 보시하고, 손은 깨끗하고, 주는 것을 좋아하며,

다른 사람의 요구에 반드시 응해주고,

보시하고 나누어 가지는 것을 좋아한다.

장자여, 이를 일러 보시에 관대함을 구족함이라 한다."

－『앙굿따라니까야』 4

다른 사람들의 어려움을 목격하면 그냥 지나치는 법이 없는 급고독 장자에게 베품에 대한 설법은 더 이상 필요 없을 것 같지만, 그럼에 도 부처님은 항상 '보시'를 강조하셨다.

생각해 보면 예나 지금이나 거리에는 굶어 죽는 사람도 있고, 추 위에 떠는 사람도 있다. '민유삼환(民有三患)'을 말한 묵자(墨子, BC 479~BC 381)의 말 그대로 세상에는 세 가지 근심이 있다. 첫째는 굶 주린 자가 먹지 못하는 것이요, 둘째는 추위에 떠는 자가 입지 못하 는 것이며, 셋째는 일하는 자가 쉬지 못하는 것이다. 이들을 가엾게 여기는 마음에서 비롯된 것이 '보시바라밀' 아니겠는가. 그러니 자 비로운 마음으로 다른 사람에게 아무런 조건 없이 널리 베푸는 연습 이 필요하다.

# 행복의 씨앗을 심는
# 보시

불교에서 말하는 보시바라밀은 탐욕과 이기심을 없앨 뿐만 아니라, 자신의 들끓는 번뇌와 욕심까지도 없애기 위한 실천이 된다. 그 방법으로 세 가지가 있는데, 재물로 베푸는 재시(財施)와 진리를 가르쳐 주는 법시(法施), 두려움과 고통으로부터 구제해 주는 무외시(無畏施)다.

재시는 자신이 가진 소유물을 어려운 이들에게 베푸는 것인데, 이를 통해 베푸는 자는 스스로 인색하고 탐욕스런 생각을 버리게 된다. 집착 없이 재물을 보시하므로, 지혜의 눈을 얻게 된다.

법시는 진리와 부처님의 가르침을 전하는 것이다. 이는 법을 베풀며 이익을 바라거나 존경을 받기 위함이 아니다. 오직 중생구제를 위하여 행하는 것을 말한다. 『금강경』에서는 헤아릴 수 없이 많은 보물로 보시하는 것보다 경전의 사구게(四句偈) 하나 알려주는 공덕이 더 크다고 하였으니, 부처님의 가르침을 전하는 것이 얼마나 크고 중요한 일인가. 그런 면에서 보면, 개신교도들을 이길 수가 없다. 어찌나 전도를 열심히 하는지, 원…. 머리 깎은 나도 지나가다가 팸플릿을 여러 번 받았다.

무외시는 두려움과 어려움으로부터 구제해 주는 것을 말한다. **'보시'라고 하면 보통은 물질적인 것만 생각하게 되는데, 꼭 그런 것은 아니다. 정신적으로 힘이 되고 위안이 되어주는 것도 아주 큰 보시가 된다.**

『화엄경』에서 선재동자가 선견비구를 친견했을 때, 환희행(歡喜行)을 설명하면서 "두려움을 없애주는 보시를 하면 자비로운 눈을 얻게 된다."고 하였다. 어쩌면 요즘 같은 세상에선 무외시가 더 중요한 보시가 될 수도 있겠다.

또 이러한 보시바라밀을 행할 때는 맑은 마음으로 해야 한다. 『맛지마니까야』에서는 "보시하는 사람, 보시 받는 사람, 보시하는 물건이 모두 청정해야 그 복덕이 크다."고 하였다.

첫째로 보시하는 사람은 생색내는 마음이 없어야 하고, 둘째로 도움을 받는 사람 역시 도움을 받았다고 하는 생각에 구애받지 말아야 하며, 셋째로 보시하는 물건 또한 정당하게 취득한 것으로서 청정해야 한다. 이것을 '삼륜청정(三輪淸淨)'이라고 한다. 주는 이도 받는 이도 내세우는 마음 없이 진실한 마음으로 '무주상보시(無住相布施)'를 실천하며, 어떤 대가를 바라거나 삿된 마음이 개입되지 않은 청정한 물건을 주고받아야 한다는 말이다.

『대지도론(大智度論)』에 이런 말이 나온다.

> "축생에게 보시하면 백 배가 되어 돌아오고,
> 나쁜 사람에게 보시하면 천 배가 되어 돌아오며,
> 착한 사람에게 보시하면 10만 배가 되어 돌아오고,
> 욕심 없는 이에게 보시하면 10억만 배가 되어 돌아오며,
> 수행자에게 보시하면 헤아릴 수 없이 많은 복이 돌아온다."

수승한 스님들께 공양 올리는 것을 최고로 친 것이다.

비구 스님들이 읊은 게송 모음집인 『테라가타(Theragāthā)』에 마하깟사빠(마하가섭) 존자에게 공양을 올린 나병 환자 이야기가 있다. 어느 날, 마하깟사빠 존자가 거처에서 내려와 걸식하러 나갔다. 그때 어느 집 담장 앞에 쪼그리고 앉아 음식을 먹으려는 나병에 걸린 여인을 보았다. 마하깟사빠 존자는 나병 걸린 여인 옆에 공손히 섰다. 걸식하기 위함이다. 생각해 보라. 스님이라 할지라도 보통 사람이라면

오히려 나병 환자라고 피할 텐데, 마하깟사빠 존자는 그러지 않고, 그 여인 곁에 공손히 서서 걸식을 하고 있었다.

나병 여인은 '설마 내가 주는 걸 먹겠나?' 생각했을 것이다. 그러면서 피고름이 흐르는 문드러진 손으로 음식을 조금 떼어 마하깟사빠 존자에게 덜어주었다. 그런데 음식을 덜어줄 때 그 여인의 손가락이 스님의 발우에 떨어졌다고 한다. 음식을 공양 받은 마하깟사빠 존자는 그 여인처럼 담장 앞에 앉아 음식을 먹었다. 그리고 게송에 이렇게 나온다.

"음식을 먹을 때나, 음식을 먹은 다음에도, 나는 그 어떤 역겨움도 느끼지 않았다."

'설마' 하며 마하깟사빠 존자에게 공양을 올린 나병 환자는 이 모습을 보며 비 오듯 눈물을 쏟았다. 아마 마하깟사빠 존자에 대한 감사의 눈물, 기쁨의 눈물, 죄송함의 눈물이었을 것이다. 모두가 피하고 무시하는 자신에게 일부러 찾아와 공양을 받아 드시고, 자신의 업보를 씻어주었으니 말이다. 그 공양의 공덕으로 여인은 천상에 태어났다고 한다. 마하깟사빠 존자의 수행력이 그대로 전해지는 감동적인 스토리가 아닐 수 없다.

# 나의 공덕은
# 얼마나 되나

---

자, 그럼 이쯤에서 저 유명한 달마 대사 이야기를 살펴보자. 『경덕전등록(景德傳燈錄)』에 나오는 이야기다.

달마 대사가 중국에 건너와 양 무제를 만나게 되었다. 양 무제가 물었다. "짐이 즉위한 후로 오늘까지 스님들을 공양하고 절을 짓고 경전을 펴내고 불상을 조성했는데, 이 공덕이 얼마나 큽니까?" 그러자 달마 대사는 "아무런 공덕이 없습니다."라고 답했다.

어째서 공덕이 없는지 묻자, 달마 대사가 이렇게 대답한다.

"그런 공덕은 중생 세계에서는 조그마한 과보라고 볼 수 있으나 이 역시 생사를 윤회하는 원인을 만들 뿐입니다. 이는 마치 형태를 따르는 그림자가 있기는 하나, 그 그림자는 실체가 없는 것과 같습니다."

화가 난 양 무제가 그럼 어떤 것이 진실한 공덕인지 다그쳐 물었다. 달마 대사는 "본체가 맑고 공적한 지혜를 얻어야 합니다. 이런 지혜는 세속적인 일을 많이 한다고 해서 얻어지는 것이 아닙니다."라고 답했다. 이후에도 대화는 이어지지만, 양 무제는 끝내 달마 대사의 말뜻을 알아듣지 못했다.

일반적으로 보시바라밀을 실천하면 공덕이 많다는 것을 강조한다. 눈에 보이는 물질적 보시를 해서 그런지, 그에 따른 공덕으로 더 많은 부와 권력을 얻을 것처럼 묘사된다.

그런데 달마 대사의 이 말씀은 그간 공덕에 눈이 먼 사람들이 놓치고 있었던 점을 일깨워준다. 공덕을 바라는 마음으로 보시를 하면 오히려 더 탁한 과보에 빠질 수 있다는 것을 말이다. 맑고 깨끗한 마음으로 보시하는 것이 얼마나 중요한지 잊지 않아야겠다.

**3**

# 지
# 계

---

**나의 보호막**

혼탁한 세상에서 살아가려면
수많은 유혹에 동요될 수밖에 없다.
세이렌만큼이나 강력한 유혹이
마음을 동요시키고, 인생을 혼란스럽게 만든다.
더러는 진흙탕에 구르기도 하고,
더러는 고인 물처럼 썩어가기도 한다.
화가 부글부글 들끓기도 하고,
번뇌 망상이 잡초처럼 자라거나,
담쟁이덩굴처럼 쑥쑥 뻗어 나가기도 한다.
이렇게 되지 않기 위해 자신을 묶어줄 밧줄이
필요한 것이다. 그것이 바로 '계율'이다.

# 하면 안 되는 것을
## 하지 않는 것

살다 보면, 마음을 통과하여 솟아오르는 욕망을 절제하지 못할 때가 있다. 제아무리 이성적인 사람이라도 어떤 날엔 머리를 짓누르며 분노가 솟구치기도 하고, 사랑하는 사람과 충돌이 발생하기도 한다. 그러면 서로에게 씻을 수 없는 상처를 안기고 다시는 돌이킬 수 없는 관계가 되어버린다. 뒤늦게 후회해도 소용없다. 한순간 자신을 통제하지 못하면 작은 불씨가 온 산을 태우듯 참으로 많은 것들을 잃어버리게 된다.

자신의 탐욕과 성냄과 집착, 잘못된 생각 등을 제어하라고 있는 것이 '지계바라밀(持戒波羅蜜)'이다. 지계(持戒), 곧 계율을 지녀 자신을 잘 보호하는 것이다.

달라이라마 존자는 지계 수행에 대해 '화, 집착, 무지, 질시 등으로 불타 날뛰는 마음을 시원하게 식혀주는 달빛과 같은 것'이라고 했다. 계율을 지킴으로써 차분해지고 한곳에 집중할 수 있다는 것이다.

『반야경』 5권에 의하면, 지계바라밀은 스스로 '십선도(十善道)'를 지키는 것이라 한다. 십선도란 선악의 결과를 불러오는 인간의 주된 행위를 세 가지 측면에서 열 가지로 나눈 것이다.

먼저 육체적인 측면에서 살생[殺]·도둑질[盜]·사음[淫]을 금지하는 세 가지, 언어로써 표현되는 거짓말[妄語]·꾸밈말[綺語]·험담[惡口]·이간질[兩舌]하지 말라는 네 가지, 마음가짐에서 탐욕[貪]·분노[瞋]·어리석음[癡]에서 벗어나라는 세 가지, 이렇게 총 열 가지로 나누어 실천덕목을 규정하였다.

| 십선도 | | 내용 |
|---|---|---|
| 불살생(不殺生) | 육체<br>[身] | 생명체를 죽이지 않는 것 |
| 불투도(不偸盜) | | 도둑질하지 않는 것 |
| 불사음(不邪婬) | | 삿된 음행을 하지 않는 것 |
| 불망어(不妄語) | 언어<br>[口] | 거짓말을 하지 않는 것 |
| 불기어(不綺語) | | 꾸미는 말을 하지 않는 것 |
| 불악구(不惡口) | | 험담을 하지 않는 것 |
| 불양설(不兩舌) | | 이간질하는 말을 않는 것 |
| 불탐욕(不貪欲) | 마음<br>가짐<br>[意] | 탐욕을 부리지 않는 것 |
| 불진에(不瞋恚) | | 분노하지 않는 것 |
| 불사견(不邪見) | | 어리석음에서 벗어나는 것 |

이 열 가지 항목은 우리가 살아가는 데 있어 매우 중요하고 필요한 생활규칙이다. 그래서 이미 초기불교 시대부터 강조되고 있었던 것인데, 출가자의 율장이 정비되는 과정에서 엄격한 계율이 많이 생겨나면서 계로서의 성격을 잃어버리게 되었다. 따라서 후대에는 계로써 인정받지 못하고, 다만 도덕적 측면의 권유 정도로만 인식되었다.

구체적으로 보면 '남을 해치지 말고, 훔치지 말고, 삿된 음행을 해선 안 되며, 거짓말·꾸밈말·험담·이간질을 하지 말고, 탐욕·성냄·어리석음에서 벗어나라.'는 것이다. 이것들은 모두가 수행에 장애가 되고, 깨달음에 방해가 되기 때문에, 스스로도 하지 말고, 남에게도 하지 않도록 해야 한다는 가르침이다.

아주 작은 나쁜 습관도 '괜찮겠지, 나아지겠지.' 하고 오래 방치하면 훗날 얼마나 안 좋은 결과를 초래할지 모른다. **사소한 욕망이라도 점점 커지게 마련이니, 적절한 통제로 자신의 삶을 바른 길로 이끌어야 한다. 제아무리 정신적으로 깨어 있는 훈련을 하고 인간 본성의 덧없음을 인식하며 수행해도, 인간의 욕망에는 끝이 없다.** 이 열 가지 선한 행위를 통해 자비심을 더 밝게 가지고, 이타적 삶을 살라는 권유다. 이것이 바로 지계바라밀이다.

지계바라밀을 설명하려면 사실 '계율'을 말하지 않을 수 없다. 이 '계율'이라는 불교 용어는 단어만 들어도 상당히 엄격한 뉘앙스가

**4 육바라밀**

풍긴다. 그래서 스님들도 계율을 주제로 삼아 대화하기에는 꽤 불편한 느낌이 없잖아 있다.

그건 그렇고, 본래는 '계율'이라는 단어가 없었다. 이는 그저 합성어일 뿐이다. 그러다 보니 계와 율이 만나 강한 쪽의 이미지가 약한 쪽보다 더 많은 영향을 끼치게 되었고, 지금의 어감을 갖게 되었다. 그럼 원어의 개념은 어떤지 잠깐 짚고 가자.

# 계와
# 율이 다른가

---

먼저 '계(戒)'라는 것은 산스크리트어 śīl(명상하다, 실천하다)이라는 동사의 파생어인 실라(śīla)에서 왔다. 여기에는 '성질·습관·행위'라는 뜻이 있었다. 그러던 것이 훗날 '좋은 습관·선한 행위·도덕적 행위' 등을 의미하게 되었다. 즉, 자발적 의지에 의해 선한 행위나 좋은 습관을 쌓도록 하는 것을 '계'라고 한다. 계는 올바른 행동을 해서 몸에 좋은 습관이 물들게 함으로써 깨달음으로 이끈다. 따라서 출가와 재가를 불문하고 모든 이들이 지녀야 할 윤리적 규범인 것이다.

반면 '율(律)'은 본래 '제거하다·훈련하다·교육하다'라는 의미를 지녔다. 그 안에는 '제거·규칙·행위규범'의 의미가 담겨 있다. 심신을 잘 다스려 악행을 저지르지 않게 하고, 나쁜 습관을 버려서 올바른 방향으로 이끌게 한다는 의미다. 이것을 '승가의 규칙'을 가리키는 단어로 사용하였고, 그것을 담은 '율장(律藏)'이 생겼다. 지금은 계와 율을 다 포함한 '계율'이라는 단어가 사용되고 있으니, 그 단어를 계속 사용하도록 하겠다.

계율은 그럼 우리에게 어떤 역할을 하는 것일까? 여기서는 '오디세우스의 밧줄'에 빗대어 설명해 보겠다.

오늘도 큰길에 나가면 사이렌을 울리며 지나가는 구급차가 보인다. 사이렌(Siren)은 아름다운 음성을 지닌 님프인데, 그리스 신화에 나오는 '세이렌(Seirēn)'의 영어식 이름이다. 이탈리아 해안의 절벽과 바위로 둘러싸인 섬에 산다고 한다. 상반신은 아름다운 여성의 모습을 가졌으며, 하반신은 독수리로 묘사되기도 하고, 물고기로 묘사되기도 한다. 그보다 우리에겐 어느 커피점의 상징으로 더 잘 알려져 있다.

바다에 사는 님프 세이렌은 형언할 수 없는 아름다운 음성으로 사람들을 유혹한다. 그들의 노랫소리를 들으면 뱃사람들은 모든 것을 잊고, 그 노래에 홀려 결국 바다로 뛰어들어 죽게 된다. 그 섬 앞을 지나는 배가 있으면 아름다운 노래로 선원들을 유혹하여 모두 바다에 뛰어들게 해서 잡아먹는 괴물이 세이렌이었던 것이다.

세이렌의 목소리는 도저히 거부할 수 없을 만큼 매혹적이어서 수많은 사람들이 목숨을 잃었다. 오가는 배들은 수없이 난파되고,

그 바닷길에 살아 돌아온 자는 없었다. 이런 세이렌에 대해 알고 있던 오디세우스는 바다를 건너기 위해 고민했다. 세이렌의 유혹을 이겨내기 위해 세운 대책이 바로 밀랍으로 만든 귀마개였다. 그는 선원들의 귀를 밀랍으로 막게 하고 배에 태웠다. 하지만 세이렌의 음성이 너무나 궁금했던지라 자신은 귀를 막지 않았다. 대신 부하들에게 쇠사슬로 자신의 몸을 돛대에 단단히 결박하게 하고, 어떤 일이 있어도 자신의 결박을 풀지 말라고 했다.

드디어 배가 섬 가까이에 도달했다. 어디선가 아름다운 노랫소리가 들렸다. 그 음성을 듣게 된 오디세우스는 미쳐버릴 것만 같았다. 온몸을 뒤틀며 미쳐 날뛰었다. 이 모습을 본 선원들은 오디세우스의 결박을 더욱 단단히 맸다. 다행히 항해는 문제없이 계속되었고, 세이렌의 유혹에서 벗어난 오디세우스와 선원들은 무사히 섬을 지나갈 수 있었다.

이 재미난 이야기를 여기서 꺼낸 이유는 역시 계율 때문이다. 이 이야기의 어느 부분이 계율에 해당하는 것일까? 정답은 바로 밀랍과 밧줄이다. 선원들의 귀를 막은 밀랍도 각자 자신을 지키는 계율이요, 몸을 꽁꽁 동여맨 오디세우스의 쇠사슬 또한 자신을 지키는 보호 장치에 해당한다.

혼탁한 세상에서 살아가려면 수많은 유혹에 동요될 수밖에 없다. 저 세이렌만큼이나 강력한 유혹이 마음을 동요시키고, 인생을 혼란스럽게 만든다. 더러는 진흙탕에 구르기도 하고, 더러는 고인 물처럼 썩어가기도 한다. 화가 부글부글 들끓기도 하고, 번뇌 망상이 잡초처럼 자라거나, 담쟁이덩굴처럼 쑥쑥 뻗어 나가기도 한다. 이렇게 되지 않기 위해 자신을 묶어줄 밧줄이 필요한 것이다. 그것이 바로 '계율'이다.

# 세 가지 깨끗한 계율
## 삼취정계

지계바라밀의 시작은 앞서 말한 십선도, 즉 십선계를 지키는 것이었지만, 후대가 되면 내용이 구체화되면서 삼취정계(三聚淨戒)로 체계화되었다.

삼취정계는 '율의계(律儀戒), 섭선법계(攝善法戒), 요익중생계(饒益衆生戒)'를 말한다. 각 경전마다 사용하는 단어가 조금씩 달라서 통상적으로는 '삼정계(三淨戒)'로 약칭하고, 분류할 때는 율의계, 선법계(善法戒), 중생계(衆生戒)로 나누어 설명하기도 한다.

율의계란 십선도뿐만 아니라, 기존의 출가 승단의 율장과 재가 신도들이 수지했던 오계(五戒), 팔계(八戒), 십계(十戒) 등을 모두 포함한 것이다. 불교 교단에서 그간 제정되었던 계율 모두를 포함한다고 보면 된다. 부처님께서 정해 주신 계율을 잘 지킴으로써 몸과 마음을 맑게 하는 것이다. 남이 아니라, 오로지 자신의 허물을 만들지 않게 하기 위한 수단이라고 생각하면 된다.

선법계는 스스로 선법(善法)을 행하는 것으로, 율의계를 확대한 개념이다. 인간을 고통으로 몰아가는 탐냄과 성냄과 어리석음에서 벗어나 깨달음을 이루기 위한 노력이 모두 여기에 해당한다. 예를 들어 자신의 욕망을 내려놓기 위해 절을 하고, 어리석음을 일깨우기 위해 법문을 듣고, 참회를 위해 포살(布薩)을 하며, 경을 독송하고 참선이나 명상을 하는 등 자신의 허물을 돌아보고 선업을 쌓기 위해 노력하는 모든 종교적 행위가 바로 선법계이다.

중생계는 '다른 중생들에게 도움이 되도록 하는 실천'이다. 불교는 어느 시대, 어떤 세상에서도 자비를 구현하는 그릇이 되고자 했다. 경제적 어려움으로 고통스러워하는 사람들에게, 상처받고 괴로워하며 안타까운 밤을 이어가는 사람들에게, 늘 힘이 되어주고자 했다. 그런 내용을 담고 있는 것이 중생계다.

쉽게 말해 중생계는 모든 바라밀행이라고 할 수 있다. 따라서 모든 가치판단을 자신의 이익보다는 '그것이 과연 중생을 위한 일인가?'에 둔다. 병든 이를 돌보고, 가난한 이에게 베풀고, 두려워하는 이에게 힘이 되어주고, 용기를 주는 모든 행위를 말한다. 이와 같이 자비의 마음으로 행하는 갖가지 보살행(바라밀)을 중생계라고 말한다. 따라서 중생계야말로 대승계의 꽃이 된다.

여기까지 이해하는 것이 지계바라밀을 공부하는 데 도움이 될 것 같다.

| 삼취정계 | 내용 |
|---|---|
| 율의계(律儀戒) | 불교 교단에서 제정된 모든 계율 |
| 섭선법계(攝善法戒) | 선업을 쌓기 위해 노력하는 모든 종교적 행위 |
| 요익중생계(饒益衆生戒) | 다른 중생들에게 도움이 되도록 하는 실천 |

**4**

# 인욕

참아보자. 한 번만 더!

인욕바라밀은 억지로 참는 삶을
뜻하는 것이 아니라,
자기중심적인 생각으로부터 벗어나
상대를 연민하고 포용하는 삶을 말한다.
멀게는 참는다는 생각조차 내지 않고 참아내는 것이다.
분노도, 원망도, 교만도 없이, 그 어떤 것도 참는
다는 생각 없이 마음을 비우고 행하는 것.
그러니 인욕바라밀은 일상의 인내심만을
이야기하는 것이 아니다.

# 분노도, 원망도,
# 교만도 없이

---

육바라밀은 부처님의 가르침을 배워 반야지혜를 얻기 위한 실천덕목이다. 그 순서를 보면, 보시 – 지계 – 인욕 – 정진 – 선정 – 반야의 순서로 되어 있다. 순서대로 실천하면 이루어지는 과정을 담았다고 볼 수 있다.

보시바라밀과 지계바라밀 다음에는 '인욕바라밀(忍辱波羅蜜)'이다. 그 옛날 인도 사람들은 보시와 지계를 실천하면 천상에 태어난다고 믿었다. 자신도 힘들긴 하지만 남을 돕고 도덕적인 생활을 유지하면서 살면 죽은 뒤에 천상에 태어난다는 생각이다. '시(施) – 계(戒) – 천(天)' 사상이다. 이러한 생각이 보다 구체화되면서 강조된 것이 '인욕(忍辱)'이다. 인욕바라밀의 실천을 알기 위해서는 우선 '인욕'에 관한 이야기부터 풀어가야겠다.

인욕은 감내하고 인내하며 살라는 말이다. 그럼 어떤 인내를 말하는가? 참을 수 있는 것과 참을 수 없는 것, 모두를 인내하라는 뜻이다.

인욕의 '욕(辱)' 자는 남들로부터 받게 되는 모욕적인 언행을 의미한다. 누군가의 말이나 행동에서 모욕감을 느꼈다든지, 수치심을 느꼈다든지 하는 등의 모멸감을 말한다. 살다 보면 더러 참기 힘든 모욕감을 느끼고 자존심이 심하게 구겨질 때도 있으니, 구구절절 설명하지 않아도 아마 쉽게 이해할 것이다.

**그런데 불교에서 이야기하는 인욕은 이보다 조금 더 범위가 넓다. 불교에서 감내해야 하는 '욕'은 상대적인 것에만 국한된 것이 아니다. 자신이 감내할 수 있는 모욕감과 감내할 수 없는 모욕감, 그리고 예상치 못한 병이나 자연스러운 늙음까지도 포함하여 전부 모욕의 범주로 받아들인다.**

예를 들어, 친구 만나러 나갔다가 그곳에서 뜻밖에도 남편과 같은 회사 직원이라는 젊고 유능하고 예쁜 여성과 마주쳤다. 오늘따라 화장도 안 하고, 후줄근한 옷차림으로 대충 나온 내가 더 늙고 초라해 보였다. 젊은 여성의 자연스럽고 상냥하며 의기양양한 당당함 앞에 괜히 주눅이 든다. 이 경우도 '욕'에 포함된다는 이야기다.

젊고 늙음의 문제는 자신이 어떻게 할 수 있는 일이 아니다. 무상한 세월 앞에 장사 없다. 그런데도 나도 모르게 자꾸만 머리를 매만지고, 옷을 여민다. 자기 자신의 늙음이 주는 초라함, 스스로만 아는 부끄러움이 있다는 것이다.

이렇듯 불교에서 말하는 인욕은 참을 수 있는 것은 물론이요, 자신의 힘으로도 어쩔 수 없는 부끄러움까지도 참아내는 것을 말한다.

나아가 인욕바라밀은 억지로 참는 삶을 뜻하는 것이 아니라, 자기중심적인 생각으로부터 벗어나 상대를 연민하고 포용하는 삶을 말한다. 멀게는 참는다는 생각조차 내지 않고 참아내는 것이다. 분노도, 원망도, 교만도 없이, 그 어떤 것도 참는다는 생각 없이 마음을 비우고 행하는 것이 '인욕바라밀'이다.

여기에 더해 남에게서 듣는 칭찬이나 아첨까지도 참아내야 한다. 나를 기쁘게 만들고, 기분 좋게 만드는 태도나 말까지도 들뜨지 않고 차분하게 받아들이는 태도도 인욕에 해당된다.

**인욕바라밀은 일상의 인내심만을 이야기하는 것이 아니다. 자신에게 굴욕적인 것만을 참아내는 것이 아니라, 자신을 오만하고 교만하게 만드는 요소까지도 알아차리라는 이야기다.** 깨달음으로 가는 수행자일수록 정진을 더 잘하기 위해서는 부정적인 것과 긍정적인 것 모두에 대해서 인욕이 필요한 법이다.

# 인내에도
# 품격이 있다

---

『금강경』「이상적멸분(離相寂滅分)」을 보면, 부처님께서 전생에 '인욕선인(忍辱仙人)'이었던 때의 이야기가 나온다.

　사냥을 나갔던 가리왕이 궁녀들과 놀다가 노곤하여 잠든 사이, 주위를 둘러보던 궁녀들은 숲속에서 한 수행자를 보게 되었다. 맑고 고요한 수행자에게 매료된 궁녀들은 이런저런 좋은 말씀을 들으며 시간 가는 줄 모르고 그에게 빠져 있었다. 뒤늦게 낮잠에서 깬 뒤 이 사실을 알게 된 가리왕은 질투심에 눈이 멀어 화를 내면서 인욕수행을 한다는 수행자를 미워하며 겁박했다. 그러고는 그의 인욕 수행 정도를 시험한다며 수행자의 팔과 다리 등 신체를 절단하는 일을 벌이고 말았다. 참으로 못난 왕이다.

　하지만 인욕 수행자는 가리왕이 자신의 몸을 갈기갈기 찢어 고통을 주었어도, 왕을 미워하거나 원망하지 않았다. 자신의 몸과 마음에 대해 그 어떤 관념이나 생각[相]도 없었으며, 아끼고 집착하는 마음이 없었기 때문이다. 몸과 마음에 집착하는 관념[相]이 만들어졌다면, 아마 분노를 내려놓지 못했을 것이다. 이렇듯 부처님은 수많은 생에 걸쳐 인욕 수행을 했지만, 상대에게 화를 내거나 원망하는 일은 없었다고 한다.

그러나 보통 사람들은 이렇게 할 수가 없다. 조금만 자존심이 상해도 마른 짚에 붙은 불처럼 활활 타오른 마음의 불길은 걷잡을 수 없이 번져나간다. 오히려 거센 바람이 불어오는 방향으로 횃불을 들고 가는 것처럼 참을성 없이 폭발해 버린다. 심지어는 전혀 모르는 이에게 화풀이를 하기도 하는데, 일명 '묻지 마 폭행'이나 '묻지 마 살인' 같은 일이 그것이다.

인욕바라밀에 대해 말하자니, 세계 인권과 평화의 상징인 달라이라마 존자에 대한 이야기를 하지 않을 수 없다. 달라이라마 존자는 관세음보살의 화신으로, 또는 살아 있는 부처님으로 존경받는다. 내 눈으로 보면 달라이라마 존자는 21세기를 살아가는 인욕선인 같다. 왜냐하면, 존자님은 "남이 나를 해치는 것에 화를 내서는 안 된다."라고 늘 말씀하셨기 때문이다. 나라를 잃고 떠나온 달라이라마 존자의 일생을 보면 도저히 그런 마음을 낼 수 없을 정도로 가슴 아픈 현실을 겪고 있는데도, 그분은 늘 누군가의 '해침에 흔들리지 않는 인욕 수행'을 강조하고 있다. "우리 민족의 고통을 끝내기 위해 다른 민족에게 고통을 주지는 않을 것"이라는 말씀은 나도 모르게 눈물을 머금게 한다. 또한 "폭력은 더 많은 폭력과 고통을 낳을 것이고, 우리의 투쟁은 비폭력적인 것이어야 하며, 증오에서 자유로워져야 한다."고 말이다. 정말이지 인내에도 품격이 있는 것 같다.

알다시피 14세 달라이라마 존자는 티베트 라싸에서 중국의 무력진압에 항거하며 독립을 요구하다 60여 년 전 인도로 망명했다. 그 후 인도 북서부에 티베트 망명정부를 세우고 비폭력 독립운동을 이어오고 있다. 그 공로를 인정받아 1989년 노벨평화상을 수상하기도 했다. 그때 수상식에서 한 말씀은 지금까지도 명연설로 전해지고 있다.


"나는 모든 고통이 무지에서 기인한다고 믿습니다.
사람들은 자신의 행복과 만족을 추구하기 위해
다른 이들에게 고통을 주고 있습니다.
참된 행복은 타인을 위한 사랑과 자비와 함께
이기심과 탐욕 제거를 통해 달성되는
평화와 만족감에서 옵니다.

지구상 어디에서 왔건 우리는 모두 똑같은 인간입니다.
우리는 근본적으로 인간애를 가지고 실천해야 합니다.
종교가 있건 없건 누구나 사랑과 자비를 행한다면
서로를 발전시킬 수 있다고 확신합니다."

진정한 인욕바라밀은 이런 것이 아니겠는가. 참된 행복이 무엇인지 모르는 무지함에서 비롯된 모든 잘못을 반성하게 만드는 명연설이 아닐 수 없다.

달라이라마 존자처럼 하기 어려운 선한 일을 하는 이들은 세상의 존경을 받는다. 스님들도 기본적으로는 머리 깎고 정진하며, 계율을 지키며 살아가는 것이 힘든 일이기에 세간의 존경이 있는 것이다. 제멋대로 막행막식(莫行莫食)하는 자를 존경하는 사람은 없다. 하기 힘든 수행과 세간의 존경은 늘 이렇게 비례하는 법이다. 그래서 불교는 다른 종교보다 더 교단의 구성원에 대한 신뢰를 중요하게 생각한다.

하기 힘든 수행을 참아내면 또한 복이 생긴다. 경전에는 아낌없는 보시보다 인욕 수행이 더 큰 복을 가져다준다는 말씀도 있다. 예를 들어, 『화엄경』에 나오는 인욕 수행자인 '구족우바이'는 작은 그

룻 하나로도 모든 사람을 먹여 살릴 능력을 갖추었다. 성냄과 욕심을 다스리면 남들과 다툴 일이 없으며 변덕을 부리지도 않고, 명리에 흔들리지도 않으며 어떤 이익과 손실에도 개의치 않게 된다. 그러한 지혜를 바탕으로 모두를 구제할 능력이 생기게 된다. 다른 이의 기쁨과 슬픔을 자기 것처럼 여기며 살아가는 인욕선인의 삶이 그러한 복을 가져다준 것이다.

5

# 정진

---

**한 걸음씩 앞으로**

정진바라밀을 실천한다는 것은
선업을 꾸준히 쌓아가는 것이다.
수행에 있어 힘들고 괴로운 마음을
일으키지 않고, 맑고 깨끗한 정신으로
게으름에서 벗어나 있는 것이다.
한결같은 마음으로 정성을 다해
지속해 가는 노력이며,
게으름과 방일에 물들지 않는 생활이다.
포기하지 않고 좌절하지 않으며,
잠시 쉬었다가도 다시 일어나는
수행이 정진이다.

# '꾸준히'가
# 가장 중요하다

---

제가 자주 인용하는 이야기가 하나 있다.

히말라야 고산족 사람들은 소나 양 같은 가축을 사고팔 때 특별한 기준이 있다고 한다. 가파른 산비탈에 팔려는 가축을 묶어둔 다음, 가축의 행동을 보고 가격을 매기는 것이다. 산비탈 위를 향해 올라가면서 풀을 뜯는 가축이라면 아무리 말랐어도 비싼 값에 거래가 되지만, 산 아래를 향해 내려가면서 풀을 뜯으면 몸집이 크고 털에 윤기가 흘러도 값을 싸게 매긴다. 험한 길을 가는 가축이어야만 험지에서도 먹을 것을 찾아 살을 찌우고 건강하게 살아남을 가능성이 높기 때문이다.

인간의 모습도 크게 다르지 않다는 생각이 든다. 의욕적으로 열심히 사는 사람에게는 희망이 있다. 반대로 쉽고 편한 길만 찾아가면 밝은 미래를 보장할 수가 없다. 각자 자신의 모습을 한번 생각해 보라. 나의 경우에도 언제부턴가 편하게 살 궁리를 하고 있다. 그럴 때면 꼭 마지막에 '나도 이제 나이를 꽤 먹었구나. 앞으로 살아갈 날이 살아온 날보다 짧구나.'라는 생각을 한다.

힘들 때 인생은 길게 느껴진다. 그런데 어느 날 문득 돌아보면 인간의 생이란 게 생각보다 참 짧다. 성실하게 살기도 했지만, 순간순간 속으며 게으름에 빠져 정신 못 차리고 허우적거리느라 바빴다. 게으름이란 게 그만큼 무서운 것이다. 인내할 줄 알고, 지혜가 있다 해도 게으름을 이겨내지 못하면 깨달음에 이를 수 없다. **힘들 때 쉬어가는 것과 게으른 것은 다르다. 잠깐의 게으름이 잘못이 아니라, 게으름으로부터 오랫동안 벗어나지 못하는 그 습관이 부끄럽고 무서운 것이다.**

정진바라밀(精進波羅蜜)은 일단 게으름으로부터 벗어나야 가능해지는 수행법이다. 살다 보면 실수할 수도 있고, 실패할 수도 있다. 넘어질 때도 있고, 울 때도 있다. 넘어졌을 때 일어서면 되듯이, 힘을 내 다시 시작하면 된다. 그러나 하루하루 노력하지 않으면 아무것도 다시 시작할 수 없다. 부처님께서 알려주신 올바른 방향으로 나아갈 수가 없다.

물론 하루하루를 아낌없이, 후회 없이 잘 살아가는 것이 쉽지는 않을 것이다. 하지만 열심히 사는 것 말고는 달리 방법이 없다. 정진바라밀은 매일 매일을 허투루 보내지 않는 것을 말한다. 그렇게 계속 성실하게 살다 보면, 부지런히 살아도 전혀 힘이 들지 않는 정도의 습관으로 남는다. 그랬을 때 비로소 참된 정진바라밀행이라고 말할 수 있다. 저 히말라야의 산 위를 향해 올라가며 풀을 뜯는 소나 양처럼, 의욕적인 자세로 활기차게 수행하는 것이야말로 진정한 정진바라밀이 될 수 있다.

# 그럴더라도
# 정진해야지

---

『맛지마니까야』(95)를 보면 어떻게 하면 진리에 도달하는지에 대해 부처님께 묻는 내용이 나온다. 부처님께서는 이에 대한 답변으로 다음과 같은 말씀을 하셨다.

> "진리에 최종적으로 도달하는 길은 똑같은 것을 반복적으로 꾸준히 계속할 때 이루어지며, 그것을 발전시키고 연마할 때 이루어진다. 이렇게 해서 마침내 진리에 도달하게 된다."

제자는 다시 '그럼 진리에 도달하는 데 가장 도움이 되는 것이 무엇인지' 묻는다. 그러자 부처님은 이렇게 말씀하셨다.

"분투하고 노력하는 것이 진리에 도달하는 데 가장 도움이 된
다. 만약 이런 분투와 노력이 없다면 그는 진리에 도달하지 못
할 것이다."

자, 그럼 어떤 노력, 어떤 정진을 해야 할까?
그것은 나쁜 마음이 일어나지 않도록 애써 노력하는 것이며, 이미 생
긴 나쁜 마음은 버리도록 하는 것이다. 또 선한 마음이 일어나도록
애써 노력하는 것이며, 이미 생긴 착한 마음은 더욱 더 키우고 유지
하도록 부지런히 애쓰는 것이다. 이것이 바로 정진의 노력이다. 우리
는 이것을 '바른 정진'이라 하고, '사정근(四正勤)'이라고도 칭한다.
　정진은 있는 그대로의 결과를 만들어낸다. 수행 정진한 만큼 마
음을 다스릴 줄 알게 된다. 인과를 믿는 우리이기에 그만큼 더 정진
의 중요성을 확신할 수 있다. 비구니 스님들이 읊은 게송 모음집인
『테리가타(Therīgāthā)』에 어느 비구니 스님이 어리석음을 일깨워주
는 이야기가 나온다.
　한 하녀가 혹독하게 추운 겨울날 물속에 들어가 있었다. 그 모습
을 보게 된 비구니 스님이 어째서 이렇게 추운 날씨에 물속에 들어
가 있는지 물었다. 물론 이유야 이미 알고 있었다. 하녀는 그것도 모
르냐고 스님을 무시하면서 "젊든 늙든 잘못을 저지른 사람이 물속

에서 목욕을 하면 악업(惡業)에서 벗어난다."고 대답했다.

비구니 스님은 이 어리석은 하녀가 몹시 걱정되어 도대체 누가 그런 말을 했느냐며 사실이 아님을 타일렀다. 하녀 말대로라면 물속에 사는 온갖 생물들은 다 천상에 태어나야 하고, 사람을 죽인 아주 나쁜 사람도 이 물속에 들어가 목욕만 하면 악업에서 벗어날 수 있다는 뜻이니 얼마나 어리석은 생각인가 말이다.

또한 이 물이 악업을 씻어낼 수 있다면 그간 쌓아온 자신의 선업(善業) 또한 모두 씻어버릴 테니, 본인에게는 남는 게 아무것도 없다는 이야기 아닌가. 논리적으로 자신의 어리석음을 일깨워주는 이야기에 하녀는 고민에 빠졌다. 마침내 하녀는 스님의 지혜로운 말씀에 정신을 바로 차리고 괴로움에서 벗어나게 되었다고 한다.

정진바라밀을 실천한다는 것은 선업을 꾸준히 쌓아가는 행위다. 수행에 있어 힘들고 괴로운 마음을 일으키지 않고, 맑고 깨끗한 정신으로 게으름에서 벗어나 있는 것이다. 한결같은 마음으로 정성을 다해 지속해 가는 노력이며, 게으름과 방일에 물들지 않는 생활이다. 포기하지 않고 좌절하지 않으며, 잠시 쉬었다가도 다시 일어나는 수행이 정진이다. 그렇게 하기를 반복하면 자신도 모르는 사이에 정진의 힘이 응축되어 내면 깊숙이 채워질 것이다.

부처님께서는 열반을 앞두고도 "게으르지 말고 부지런히 정진하라."고 말씀하셨다. 45년간의 모든 말씀이 마지막에는 행(行)으로 옮기는 것만 남았다는 이야기다. 그 마지막 말씀을 다시 가슴에 새겨보며 정진바라밀을 마무리할까 한다.

"너희들은 자기 자신을 등불로 삼고 의지하여라.
진리를 등불로 삼고 의지하여라.
그밖에 다른 것을 의지해서는 안 된다.

너희들은 내 가르침을 중심으로 서로 화합하고
공경하며 다투지 마라.
물과 우유처럼 화합할 것이요,
물 위의 기름처럼 겉돌지 마라.

나는 몸소 진리를 깨달아 너희를 위해 설하였다.
너희는 이 진리를 지켜 무엇이든 진리대로 행하여라.
이 가르침대로 행한다면 설령 내게서 멀리 떨어져 있어도
항상 내 곁에 있는 것과 다름없다.

죽음이란 육신의 죽음임을 잊지 마라.

육신은 죽더라도 깨달음의 지혜는

영원히 진리와 깨달음의 길에 살아 있을 것이다.

모든 것은 덧없다.

게으르지 말고 부지런히 정진하여라."

– 『열반경』

**6**

# 선정

---

## 고요한 나를 찾아서

흔들리는 마음을 다잡기 위해 하는 것이 정진이요,
부단한 정진을 통해 얻어지는 것이 선정바라밀이다.
헛된 생각을 모두 버리고 마음을 한곳에 집중하여
번뇌 망상을 잠재우는 노력이 정진이라면,
원숭이처럼 날뛰는 마음을 진정시켜
정신 집중을 이룬 상태가 선정이다.
그렇게 자기 마음에 흔들림이 없어지면
서서히 선정의 힘이 생긴다.

# 흔들리는 마음을
# 다잡으려면

---

바람에 깃발이 흔들리고 있었다.

한 스님이 말했다.

"깃발이 흔들리는구먼."

다른 스님이 말했다.

"바람이 흔들리는 것일세."

옥신각신하고 있는데, 육조 혜능 스님이 말했다.

"바람이 흔들리는 것도 깃발이 흔들리는 것도 아닐세.
그대들의 마음이 흔들리는 것일세."

『무문관(無門關)』제28칙 '비풍비번(非風非幡)'이라는 공안이다. 모든 것은 마음이 흔들리기 때문에 일어난다는 내용인데, 사실 풀기 어

**4 육바라밀**

려운 공안이라고 말하기에는 너무나 타당하고 당연한 이치를 담고 있다.

그러나 이러한 이치를 잘 안다 해도 일상생활에 적용해서 산만하게 흔들리는 마음을 다잡기는 어려운 법이다. 감각적 즐거움이 넘치는 세상에서 고요함을 찾아가는 것이 그만큼 쉬운 일은 아니라는 말이다. 어쩌면 선정에 들기 위해 노력하는 대신 기도를 하는 원인이 그것인지도 모르겠다.

유명한 달마 대사는 소림굴에서 9년이나 면벽 수행을 했다. 굉장한 정진력이 아닐 수 없다. 그 좁은 굴에서 9년이나 움직이지 않고 수행하려면, 무엇보다 정진의 힘과 선정의 힘이 필요했을 것이다. 특히 선정바라밀(禪定波羅蜜)은 앞서 말한 대로 '마음'이 흔들려서는 결코 이룰 수 없는 일이기에 그렇다.

흔들리는 마음을 다잡기 위해 하는 것이 정진이요, 부단한 정진을 통해 얻어지는 것이 '선정바라밀'이다. 다시 말해서 헛된 생각을 모두 버리고 마음을 한곳에 집중하여 번뇌 망상을 잠재우는 노력이 정진이라면, 원숭이처럼 날뛰는 마음을 진정시켜 정신 집중을 이룬 상태가 선정이다. 밖으로 치닫는 생각을 다잡을 수만 있다면, 좋고 싫은 감정도 서서히 사라지게 된다. 그렇게 자기 마음에 흔들림이 없어지면 서서히 선정의 힘이 생긴다. 그러다 보면 자신의 무거운 업보도 점차 소멸시킬 수 있게 되는 원리다.

'선정(禪定)'이라는 어휘를 살펴보면 '멈추고 바라본다'는 뜻이다. 모든 번뇌 망상을 그치게 하여 마음을 하나로 집중하는 지(止)와 밝은 지혜로 사물을 깊이 바라보는 관(觀)이 합해진 단어이다. 그래서 선정바라밀을 '지관(止觀) 수행'이라고 부르기도 한다. 평온하고 안정된 상태에 이르러 딱 멈추고, 깊이 꿰뚫어 바라보는 수행이다. 처음에는 잠깐 머물러 있겠지만, 멈춤의 정도는 정진의 힘이 커질수록 길어지게 된다. 그러다 보면 자신이 원하는 만큼 유지할 수 있는 힘이 생기기 마련이다. 또 바라본다는 것은 현재 자신이 겪는 괴로움이나 불만족, 나아가 무상한 이치까지도 통찰하여 깊이 보는 것을 말한다.

# 고요히 앉아
# 마음을 모아요

---

선정바라밀을 행하기 위해서는 미리 없애야 할 다섯 가지가 있다. 오개(五蓋)라고 부르는 것이다. 마음을 가린 어두운 다섯 가지 '덮개[蓋]'라는 뜻인데, 이를 '장애[障]'로 해석하는 경우도 많다. 『중아함경』10권에는 선정에 이르려면 악업을 멈추고 행동거지를 반듯하게 하여, 마음을 덮고 있는 다섯 가지 덮개를 제거해야 한다고 거듭 강조하고 있다.

일반적으로 보면 몸과 마음의 상태가 조화를 이루어야만 선정에 들어갈 수 있다. 몸과 마음을 단정히 하고, 바른 마음으로 수행하여 선정에 들어가는 것이다. 그러려면 덮개를 제거해야 하는데, 그 다섯 가지 덮개란 '탐욕의 덮개[貪欲蓋], 성냄의 덮개[瞋恚蓋], 수면의 덮개[睡眠蓋], 들뜸의 덮개[掉悔蓋], 의심의 덮개[疑蓋]'이다.

| 오개 | 마음을 가린 다섯 가지 덮개 |
|------|---------------------------|
| 탐욕개 | 끝없이 탐욕을 일으키는 번뇌 |
| 진에개 | 화를 내고 증오하는 번뇌 |
| 수면개 | 나태하고 무기력한 것이 만드는 번뇌 |
| 도회개 | 들떠 있어서 생기는 번뇌 |
| 의개 | 부처님의 가르침을 의심하는 번뇌 |

자, 그럼 오개에 대해 간단히 짚어보자.

첫째, 탐욕개(貪欲蓋)다. 탐욕은 감각적 욕망을 말한다. 자신의 '색(色)·성(聲)·향(香)·미(味)·촉(觸)'에 해당하는 '시각, 청각, 후각, 미각, 촉각'의 대상을 통해 보고 느낀 욕망이다. 보통은 오욕으로 대표되는 식욕, 성욕, 수면욕, 재물욕, 명예욕 같은 것을 말한다. 이러한 감각적 욕망은 충족하면 할수록 더욱 커지고, 충족을 못하면 괴로움에 빠지게 된다. 말할 것도 없이 선정을 방해한다.

둘째, 성냄의 덮개인 진에개(瞋恚蓋)이다. 성냄은 사소한 것으로도 모든 것을 파괴할 만큼 극단적인 모습을 가지고 있다. 활활 타오르는 불길 같은 성냄은 당연히 선정을 이룰 수가 없게 만든다. 자신뿐만 아니라, 남들까지도 고통스럽게 만드는 감정이기에 그렇다.

셋째, 수면개(睡眠蓋)이다. 게으름과 나태함, 무기력함이 모두 여기에 해당한다. 잠이 많거나 적으면 잡념이 많아지고 느슨해지게 된다. 그래서일까? 어릴 때 어른 스님들께서 게으르면 다음 생에 소로 태어난다는 말씀을 많이 하셨다. 자신을 살피지 못하고 흐리멍덩하게 넋 빼놓고 있는 것은 사는 게 아니라, 그냥 머물러 있는 것이라는 이야기도 들었다. 이 모두가 나태와 혼침에 빠지는 것을 염려하신 말씀이다. 살다 보니 정말 맞는 것 같다. 게으르고 무기력한 중생은 구제하기 어렵다.

넷째, 들뜸의 덮개인 도회개(掉悔蓋)다. 들떠 있으면 마음이 불안하고 안정감이 없다. 기분이 좋아도 들떠 있고, 사건 사고가 일어나면 불안함 때문에 들떠 있으며, 너무 화가 나도 들뜨게 된다. 안정감을 놓치고 흥분 상태의 들뜸은 마찬가지로 선정에 장애가 된다.

다섯째, 의심의 덮개, 의개(疑蓋)다. 진리의 가르침에 대한 의심을 말한다. 인간과 세상에 대한 바른 안목을 잘 가르쳐 주어도 믿지 않고 의심만 가득한 사람은 정진에 몰입할 수가 없다. 『화엄경』「현수품」에 이런 말씀이 있다.

믿음은 도의 근원이요 공덕의 어머니이니,
온갖 착한 행위에 이르는 길을 키워주네.

信爲道源功德母(신위도원공덕모)

長養一切諸善法(장양일체제선법)

진리의 말씀을 믿는 것이야말로 불교 수행의 첫걸음이 된다는 것을 명확하게 알려주는 게송이 아닐 수 없다.

또 『화엄경』「십지품」에는 자신은 이미 번뇌를 소멸했어도 세상은 여전히 치성하니, 바라밀행을 닦아 중생을 제도하라는 게송이 나온다. 스스로 산란함이 없어 삼매를 이루고 마음의 평안에 이르렀다 해도 혼자서만 잘 사는 것을 경계한 것이다. 결국 선정바라밀도 삼매의 밝은 지혜로 우리 함께 저 피안의 세계로 건너가라는 가르침을 담고 있다.

그대는 이미 번뇌의 불길을 다 소멸했으나
세상의 미혹한 불꽃은 오히려 더 치성하다.
마땅히 본원을 돌이켜 중생을 제도하여
다 바라밀행을 닦게 하여 해탈케 할지어다.

汝雖已滅煩惱火(여수이멸번뇌화)

世間惑焰猶熾然(세간혹염유치연)

當念本願度衆生(당념본원도중생)

悉使修因趣解脫(실사수인취해탈)

# 7 반야

마침내 마주하는 지혜

반야바라밀은
지혜를 찾는 수행으로 볼 수 있다.
또한 보시·지계·인욕·정진·선정 수행을 통해
형성된 지혜로도 볼 수 있다.
중요한 것은 둘 다 중생과 함께하는 것을
전제로 한다는 점이다.
중생들에게 필요한 지식과 지혜,
중생을 도울 방법을 아는 지혜가
반야바라밀에 모두 포함되어 있다.

# 바라밀의 완성
## 반야바라밀

어리석은 자는 한평생을 두고
어진 이를 가까이 섬길지라도
참다운 진리를 깨닫지 못한다.
마치 숟가락이 국 맛을 모르듯이

지혜로운 이는 잠깐이라도
어진 이를 가까이 섬기면
곧 진리를 깨닫는다.
마치 혀가 국 맛을 알듯이

『담마빠다』에 나오는 말씀이다. 지혜로운 이와 어리석은 이의 차이를 혀와 국자에 빗대어 표현하고, 부처님의 지혜로운 말씀은 국 맛에 비유하였다. 아무리 공부하여도 국 맛을 모르는 경우가 태반이니, 이 말씀이 주는 여운은 참으로 길다. 그러나 깨달음의 경지는 요원하니, 해지는 것을 바라보며 땅을 치고 울었다는 어느 스님의 이야기에 눈시울이 붉어질 따름이다.

육바라밀은 마지막 반야바라밀로 완성된다. '반야(般若)'는 본래 지혜를 뜻하는 단어로써 산스크리트어로는 프라즈냐(prajñā), 빨리어로는 빤냐(paññā)라고 한다. 반야는 이를 음사(音寫)한 것인데, 한자로 보면 더 재밌다. '돌 반(般)' 자에 '같을 야(若)' 자를 쓰기 때문이다. 시작도 끝도 없는 모습이 '반야'라는 것이다. 비록 번역을 위해 음을 따왔을지라도 연기의 법칙으로 돌아가는 세상의 이치를 표현하려고 고심한 흔적이 보인다. 모습으로 치면 둥근 원으로 표현할 수 있겠다. 동그란 원의 모습을 연기로 표현하고, 또 그것을 아는 지혜가 곧 반야라는 말이다.

이와 같이 반야가 말하는 지혜는 쉽고 단순하지가 않다. 고(苦)·무상(無常)·무아(無我)의 '삼법인'이나 고(苦)·집(集)·멸(滅)·도(道)의 '사성제' 등에 대한 통찰을 통해서 얻어지는 지혜를 말하기 때문이다. 반야는 연기적 세계관을 통해 진리를 직관하는 지혜를 말한다. 흔하게 사용되는 일상의 지혜만을 말하는 것이 아니다. 세상 만물의 참모습을 환히 비추어보는 지혜를 가리킨다. 진리의 세계에 도달한 완전한 지혜를 바로 반야라고 한다.

그래서 사람들은 반야지혜를 연기와 공성(空性)을 아는 지혜로 이해한다. 반야바라밀행은 완성된 통찰의 지혜로 모두가 원하는 저 피안의 세계로 건너가는 수행이기에, 깨달음에 있어 최상의 경지로 보는 것이다. 지금까지 설명한 육바라밀의 마지막 단계가 반야바라밀인 이유이다.

열심히 수행 중인 사람의 입장에서 보면, 반야바라밀은 지혜를 찾는 수행으로 볼 수 있다. 또 앞에서 말한 다섯 가지, 보시·지계·인욕·정진·선정 수행을 통해 형성된 지혜로도 볼 수 있다. 중요한 것은 둘 다 중생과 함께하는 것을 전제로 한다는 점이다. 중생들에게 필요한 지식과 지혜, 중생을 도울 방법을 아는 지혜가 다 포함된다.

그리고 이러한 지혜방편은 세상의 참모습을 직관하는 반야지혜가 있을 때 훨씬 효율적이며 수월하게 이루어질 수 있다. 인연법을 훤히 알아서 적절한 방편을 쓸 수 있기 때문이다. 지혜로써 남들을 이롭게 하며, 깨달음을 구하는 이들에게는 더 깊은 수행으로 이끌어줄 수 있다. 일상의 얕은 지혜부터 저 높은 경지의 수승한 깨달음의 지혜까지 다 반야지혜에 해당한다.

반야지혜를 강조하는 경전은 무수히 많다. 대표적으로 『금강반야바라밀경(금강경)』이나 『반야심경』 등이 있고, 당나라 현장 스님이 집대성한 600권이나 되는 『대반야바라밀경』도 있다. 다만 그 양이 방대해서 짧은 경전 가운데 핵심을 담은 경전들을 선호하다 보니, 『금강경』이나 『반야심경』 같은 경전들을 소의경전으로 삼았고, 늘 암송하게 되었다. 그만큼 반야바라밀을 특별하게 여겼기 때문이다.

생각해 보면 불교의 최종목표는 깨달음인 것 같지만, 목표점은 항상 그 너머에 존재한다. 중생을 향해 있다. 애써 성취하고자 하는 깨달음의 지혜도, 따지고 보면 중생을 구제하기 위함이었다. 그러므로 반야바라밀의 완성 또한 중생을 위함인 것이다. 이것이 우리가 육바라밀을 실천하고자 하는 최종 귀착점이라는 것을 강조하며 이 글을 마친다.

# 사무량심

자(慈)·비(悲)·희(喜)·사(捨), 이 네 가지 마음을 사무량심(四無量心)이라고 한다. 사무량심은 중생을 해탈로 이끌기 위해 보살이 가져야 할 네 가지 크고 넓은 마음이다.

첫째, 자무량심(慈無量心)은 악의나 증오 없이 무한한 자애와 사랑으로 세상을 가득 채우고, 많은 사람들과 자애로운 마음을 나누는 것이다. 남이 행복하기를 바라는 마음이다. 자애심이 많은 사람은 이타심이 많고, 자무량심을 키우면 성내는 마음이 사라진다.

둘째, 비무량심(悲無量心)은 중생을 불쌍히 여기는 마음이다. 무한한 자비심으로 중생을 고통의 세계에서 벗어나게 하려는 마음이다. 연민심이 많은 사람은 공감 능력이 뛰어나고, 비무량심을 키우면 남을 해치려는 마음이 일어나지 않는다.

희무량심(喜無量心)은 다른 중생의 기쁨을 함께 기뻐해 주며, 세상을 기쁨으로 가득 채우려는 마음이다. 남 잘 되는 것을 기뻐하기가 쉽지 않다. 모르는 사람이 잘 되면 그래도 괜찮은데, 가까운 사람이 잘 되면 배 아파하는 경우가 왕왕 있다. 함께 기뻐할 줄 알고, 희무량심을 키워 박수쳐줄 줄 아는 사람은 시기하는 마음을 잘 알아 내려놓을 줄 안다.

사무량심(捨無量心)은 모든 중생을 평등하게 대하고, 무한한 평정심으로 세상을 가득 채우는 것을 말한다. 모든 감정에서 벗어나 중립적인 태도를 갖는 것이다. 차별하는 마음 없이 살아가는 사람은 평온하며, 사무량심을 키우면 교만한 마음이 사라진다.

# 나를 찾는 길의 시작

불교 공부를 시작하신 여러분, 그리고 이 책을 다 읽으신 여러분, 모두 반갑고 고맙습니다.

상상컨대 연세가 지긋하신 분들도 꽤 많이 계실 것 같군요. 아무튼 함께해 주셔서 고맙습니다.

혹시 공부하시다가 '이 나이에 공부가 되겠나?' 이런 생각, 들지 않았나요? 만약 그런 생각을 하셨다면, 전혀 걱정하지 마십시오. 괜찮습니다.

불교는 나이를 먹을수록 이해하기 쉬운 공부입니다. 생각해 보세요. 젊은 친구들에게 무상(無常)에 대해 제가 열강을 하며 백날 이야기해도 그들에게는 별로 와닿지 않을 겁니다. 세상에 놀 것도 많고 먹을 것도 많고 즐거운 일도 많은데, 무상하다니 뭔 소리냐고 반문할 친구들이 적지 않을 것입니다.

하지만 어른들은 다릅니다. '인생이 무상하다.' 그러면, 제 말 한마디에 눈시울이 붉어질지도 모릅니다. 그 정도로 인생무상을 깊이 체험하고 이해할 수 있는 분들이 바로 연로하신 불자들입니다.

오늘따라 머리털이 더 희끗해진 것 같고, 주름도 더 늘어난 것 같이 느껴지나요? 아름답던 시절, 곱던 시절도 다 지나갔구나, 그런 생각이 드시나요? 인생이 덧없고 허무하게 느껴진다면, 불교 공부하기에 더할 나위 없이 좋은 나이입니다. 아무 걱정하지 마십시오. 여러분들은 이 책을 통해 저의 설명을 반복적으로 읽으시기만 하면 됩니다. 그럼 훨씬 수월하게 부처님의 가르침에 다가갈 수 있으리라 생각합니다.

　부처님과 부처님의 가르침을 만난 우리는 운이 좋은 사람들입니다. 부처님 같은 탁월한 스승님을 만났으니까요. 그런데 우리는 불교 공부를 하며 무언가 특별한 대상을 찾으려고 합니다. 부처님을 찾으려고 하고, 관세음보살님의 가피를 입으려 하고, 부처님이 되는 특별한 길은 없으려나 기웃거리면서 뭔가 자신에게 없는 그 무언가를 찾으려고 합니다.

　그런데 말이죠. 중요한 건 찾고 있는 대상이 결국은 찾고 있는 바로 '자기 자신'이라는 사실입니다. 그런 줄 아는 데도 우리는 자꾸만 밖에서 찾아 헤매고 있습니다. 밖이 아니라 내 안을 찾아가는 길을 공부해야 하는데 말이죠.

　부처님께서 말씀하신 그 길, 자신을 찾아가는 길을 저는 안내하고 있고, 우리는 계속해서 함께 공부할 것입니다. 좋은 안내자가 될지는 모르겠습니다만, 앞으로도 최선을 다해 보겠습니다. 불교의 한 귀퉁이라도 잡을 수 있도록 더 노력할게요. 우리 함께 공부합시다.

계묘년 봄 청룡암에서
원영 합장

"너희들은 자기 자신을 등불로 삼고 의지하여라.
진리를 등불로 삼고 의지하여라.
그밖에 다른 것을 의지해서는 안 된다.

너희들은 내 가르침을 중심으로 서로 화합하고
공경하며 다투지 마라.
물과 우유처럼 화합할 것이요,
물 위의 기름처럼 겉돌지 마라.

나는 몸소 진리를 깨달아 너희를 위해 설하였다.
너희는 이 진리를 지켜 무엇이든 진리대로 행하여라.
이 가르침대로 행한다면 설령 내게서 멀리 떨어져 있어도
그는 항상 내 곁에 있는 것과 다름없다.

죽음이란 육신의 죽음임을 잊지 마라.
육신은 죽더라도 깨달음의 지혜는
영원히 진리와 깨달음의 길에 살아 있을 것이다.
모든 것은 덧없다.
게으르지 말고 부지런히 정진하여라.”

— 『열반경』

# 이제서야
# 이해되는 불교

단숨에 읽히고 즐겁게 깨치는
원영 스님의 불교 수업

ⓒ 원영, 2023

2023년 5월 23일 초판  1쇄 발행
2024년 9월 10일 초판 10쇄 발행


지은이 원영
발행인 박상근(至弘) • 편집인 류지호 • 편집이사 양동민
책임편집 김소영 • 편집 김재호, 양민호, 최호승, 하다해, 정유리 • 디자인 쿠담디자인
제작 김명환 • 마케팅 김대현, 이선호 • 관리 윤정안
콘텐츠국 유권준, 김희준
펴낸 곳 불광출판사 (03169) 서울시 종로구 사직로10길 17 인왕빌딩 301호
         대표전화 02) 420-3200 편집부 02) 420-3300 팩시밀리 02) 420-3400
         출판등록 제300-2009-130호(1979. 10. 10.)

ISBN 979-11-92997-25-4 (03220)

값 18,000원